心一堂術數古籍珍本叢刊

書名：遁甲釋要
系列：心一堂術數古籍珍本叢刊　三式類　奇門遁甲系列　第二輯　232
作者：【民國】徐昂　撰
主編、責任編輯：陳劍聰
心一堂術數古籍珍本叢刊編校小組：陳劍聰　素聞　梁松盛　鄒偉才　虛白盧主

出版：心一堂有限公司
通訊地址：香港九龍旺角彌敦道六一〇號荷李活商業中心十八樓〇五－〇六室
深港讀者服務中心·中國深圳市羅湖區立新路六號羅湖商業大厦負一層〇〇八室
電話號碼：(852)67150840
網址：publish.sunyata.cc
電郵：sunyatabook@gmail.com
網店：http://book.sunyata.cc
淘寶店地址：https://shop210782774.taobao.com
微店地址：https://weidian.com/s/1212826297
臉書：https://www.facebook.com/sunyatabook
讀者論壇：http://bbs.sunyata.cc/

版次：二零一七年九月初版
平裝

定價：港幣　一百八十元正
　　　新台幣　六百九十八元正

國際書號：ISBN 978-988-8317-70-7

香港發行：香港聯合書刊物流有限公司
地址：香港新界大埔汀麗路36號中華商務印刷大厦3樓
電話號碼：(852)2150-2100
傳真號碼：(852)2407-3062
電郵：info@suplogistics.com.hk

台灣發行：秀威資訊科技股份有限公司
地址：台灣台北市內湖區瑞光路七十六巷六十五號一樓
電話號碼：+886-2-2796-3638
傳真號碼：+886-2-2796-1377
網絡書店：www.bodbooks.com.tw
台灣國家書店讀者服務中心：
地址：台灣台北市中山區松江路二〇九號一樓
電話號碼：+886-2-2518-0207
傳真號碼：+886-2-2518-0778
網絡書店：http://www.govbooks.com.tw

中國大陸發行　零售：深圳心一堂文化傳播有限公司
深圳地址：深圳市羅湖區立新路六號羅湖商業大厦負一層〇〇八室
電話號碼：(86)0755-82224934

心一堂微店二維碼

心一堂淘寶店二維碼

心一堂術數古籍 珍本 整理 叢刊 總序

術數定義

術數，大概可謂以「推算（推演）、預測人（個人、群體、國家等）、事、物、自然現象、時間、空間方位等規律及氣數，並或通過種種『方術』，從而達致趨吉避凶或某種特定目的」之知識體系和方法。

術數類別

我國術數的內容類別，歷代不盡相同，例如《漢書・藝文志》中載，漢代術數有六類：天文、曆譜、五行、蓍龜、雜占、形法。至清代《四庫全書》，術數類則有：數學、占候、相宅相墓、占卜、命書、相書、陰陽五行、雜技術等，其他如《後漢書・方術部》、《藝文類聚・方術部》、《太平御覽・方術部》等，對於術數的分類，皆有差異。古代多把天文、曆譜、及部分數學均歸入術數類，而民間流行亦視傳統醫學作為術數的一環；此外，有些術數與宗教中的方術亦往往難以分開。現代民間則常將各種術數歸納為五大類別：命、卜、相、醫、山，通稱「五術」。

本叢刊在《四庫全書》的分類基礎上，將術數分為九大類別：占筮、星命、相術、堪輿、選擇、三式、讖諱、理數（陰陽五行）、雜術（其他）。而未收天文、曆譜、算術、宗教方術、醫學。

術數思想與發展——從術到學，乃至合道

我國術數是由上古的占星、卜筮、形法等術發展下來的。其中卜筮之術，是歷經夏商周三代而通過「龜卜、蓍筮」得出卜（筮）辭的一種預測（吉凶成敗）術，之後歸納並結集成書，此即現傳之《易

經》。經過春秋戰國至秦漢之際，受到當時諸子百家的影響、儒家的推崇，遂有《易傳》等的出現，原本是卜筮術書的《易經》，被提升及解讀成有包涵「天地之道（理）」之學。因此，《易・繫辭傳》曰：「易與天地準，故能彌綸天地之道。」

漢代以後，易學中的陰陽學說，與五行、九宮、干支、氣運、災變、律曆、卦氣、讖緯、天人感應說等相結合，形成易學中象數系統。而其他原與《易經》本來沒有關係的術數，如占星、形法、選擇，亦漸漸以易理（象數學說）為依歸。《四庫全書・易類小序》云：「術數之興，多在秦漢以後。要其旨，不出乎陰陽五行，生尅制化。實皆《易》之支派，傳以雜說耳。」至此，術數可謂已由「術」發展成「學」。

及至宋代，術數理論與理學中的河圖洛書、太極圖、邵雍先天之學及皇極經世等學說給合，通過術數以演繹理學中「天地中有一太極，萬物中各有一太極」（《朱子語類》）的思想。術數理論不單已發展至十分成熟，而且也從其學理中衍生一些新的方法或理論，如《梅花易數》、《河洛理數》等。

在傳統上，術數功能往往不止於僅僅作為趨吉避凶的方術，及「能彌綸天地之道」的學問，亦有其「修心養性」的功能，「與道合一」（修道）的內涵。《素問・上古天真論》：「上古之人，其知道者，法於陰陽，和於術數。」數之意義，不單是外在的算數、歷數、氣數，而是與理學中同等的「道」、「理」--心性的功能，北宋理氣家邵雍對此多有發揮：「聖人之心，是亦數也」、「萬化萬事生乎心」、「心為太極」。《觀物外篇》：「先天之學，心法也。……蓋天地萬物之理，盡在其中矣，心一而不分，則能應萬物。」反過來說，宋代的術數理論，受到當時理學、佛道及宋易影響，認為心性本質上是等同天地之太極。天地萬物氣數規律，能通過內觀自心而有所感知，即是內心也已具備有術數的推演及預測、感知能力；相傳是邵雍所創之《梅花易數》，便是在這樣的背景下誕生。

《易・文言傳》已有「積善之家，必有餘慶；積不善之家，必有餘殃」之說，至漢代流行的災變說及讖緯說，我國數千年來都認為天災，異常天象（自然現象），皆與一國或一地的施政者失德有關；下

至家族、個人之盛衰，也都與一族一人之德行修養有關。因此，我國術數中除了吉凶盛衰理數之外，人心的德行修養，也是趨吉避凶的一個關鍵因素。

術數與宗教、修道

在這種思想之下，我國術數不單只是附屬於巫術或宗教行為的方術，又往往是一種宗教的修煉手段--通過術數，以知陰陽，乃至合陰陽（道）。「其知道者，法於陰陽，和於術數。」例如，「奇門遁甲」術中，即分為「術奇門」與「法奇門」兩大類。「法奇門」中有大量道教中符籙、手印、存想、內煉的內容，是道教內丹外法的一種重要外法修煉體系。甚至在雷法一系的修煉上，亦大量應用了術數內容。此外，相術、堪輿術中也有修煉望氣（氣的形狀、顏色）的方法；堪輿家除了選擇陰陽宅之吉凶外，也有道教中選擇適合修道環境（法、財、侶、地中的地）的方法，以至通過堪輿術觀察天地山川陰陽之氣，亦成為領悟陰陽金丹大道的一途。

易學體系以外的術數與的少數民族的術數

我國術數中，也有不用或不全用易理作為其理論依據的，如揚雄的《太玄》、司馬光的《潛虛》。也有一些占卜法、雜術不屬於《易經》系統，不過對後世影響較少而已。

外來宗教及少數民族中也有不少雖受漢文化影響（如陰陽、五行、二十八宿等學說。）但仍自成系統的術數，如古代的西夏、突厥、吐魯番等占卜及星占術，藏族中有多種藏傳佛教占卜術、苯教占卜術、擇吉術、推命術、相術等；北方少數民族有薩滿教占卜術；不少少數民族如水族、白族、布朗族、佤族、彝族、苗族等，皆有占雞（卦）草卜、雞蛋卜等術，納西族的占星術、占卜術，彝族畢摩的推命術、占卜術……等等，都是屬於《易經》體系以外的術數。相對上，外國傳入的術數以及其理論，對我國術數影響更大。

曆法、推步術與外來術數的影響

我國的術數與曆法的關係非常緊密。早期的術數中，很多是利用星宿或星宿組合的位置（如某星在某州或某宮某度）付予某種吉凶意義，并據之以推演，例如歲星（木星）、月將（某月太陽所躔之宮次）等。不過，由於不同的古代曆法推步的誤差及歲差的問題，若干年後，其術數所用之星辰的位置，已與真實星辰的位置不一樣了；此如歲星（木星），早期的曆法及術數以十二年為一周期（以應地支），與木星真實周期十一點八六年，每幾十年便錯一宮。後來術家又設一「太歲」的假想星體來解決，是歲星運行的相反，週期亦剛好是十二年。而術數中的神煞，很多即是根據太歲的位置而定。又如六壬術中的「月將」，原是立春節氣後太陽躔娵訾之次而稱作「登明亥將」，至宋代，因歲差的關係，要到雨水節氣後太陽才躔娵訾之次，當時沈括提出了修正，但明清時六壬術中「月將」仍然沿用宋代沈括修正的起法沒有再修正。

由於以真實星象周期的推步術是非常繁複，而且古代星象推步術本身亦有不少誤差，大多數術數除依曆書保留了太陽（節氣）、太陰（月相）的簡單宮次計算外，漸漸形成根據干支、日月等的各自起例，以起出其他具有不同含義的眾多假想星象及神煞系統。唐宋以後，我國絕大部分術數都主要沿用這一系統，也出現了不少完全脫離真實星象的術數，如《子平術》、《紫微斗數》、《鐵版神數》等。後來就連一些利用真實星辰位置的術數，如《七政四餘術》及選擇法中的《天星選擇》，也已與假想星象及神煞混合而使用了。

隨着古代外國曆（推步）、術數的傳入，如唐代傳入的印度曆法及術數，元代傳入的回回曆等，其中我國占星術便吸收了印度占星術中羅睺星、計都星等而形成四餘星，又通過阿拉伯占星術而吸收了其中來自希臘、巴比倫占星術的黃道十二宮、四大（四元素）學說（地、水、火、風），並與我國傳統的二十八宿、五行說、神煞系統並存而形成《七政四餘術》。此外，一些術數中的北斗星名，不用我國傳統的星名：天樞、天璇、天璣、天權、玉衡、開陽、搖光，而是使用來自印度梵文所譯的：貪狼、巨

門、祿存、文曲，廉貞、武曲、破軍等，此明顯是受到唐代從印度傳入的曆法及占星術所影響。如星命術中的《紫微斗數》及堪輿術中的《撼龍經》等文獻中，其星皆用印度譯名。及至清初《時憲曆》，置閏之法則改用西法「定氣」。清代以後的術數，又作過不少的調整。

此外，我國相術中的面相術、手相術，唐宋之際受印度相術影響頗大，至民國初年，又通過翻譯歐西、日本的相術書籍而大量吸收歐西相術的內容，形成了現代我國坊間流行的新式相術。

陰陽學──術數在古代、官方管理及外國的影響

術數在古代社會中一直扮演着一個非常重要的角色，影響層面不單只是某一階層、某一職業、某一年齡的人，而是上自帝王，下至普通百姓，從出生到死亡，不論是生活上的小事如洗髮、出行等，大事如建房、入伙、出兵等，從個人、家族以至國家，從天文、氣象、地理到人事、軍事，從民俗、學術到宗教，都離不開術數的應用。我國最晚在唐代開始，已把以上術數之學，稱作陰陽（學），行術數者稱陰陽人。（敦煌文書、斯四三二七唐《師師漫語話》：「以下說陰陽人謾語話」，此說法後來傳入日本，今日本人稱行術數者為「陰陽師」）。一直到了清末，欽天監中負責陰陽術數的官員中，以及民間術數之士，仍名陰陽生。

古代政府的中欽天監（司天監），除了負責天文、曆法、輿地之外，亦精通其他如星占、選擇、堪輿等術數，除在皇室人員及朝庭中應用外，也定期頒行日書、修定術數，使民間對於天文、日曆用事吉凶及使用其他術數時，有所依從。

我國古代政府對官方及民間陰陽學及陰陽官員，從其內容、人員的選拔、培訓、認證、考核、律法監管等，都有制度。至明清兩代，其制度更為完善、嚴格。

宋代官學之中，課程中已有陰陽學及其考試的內容。（宋徽宗崇寧三年〔一一零四年〕崇寧算學令：「諸學生習……並曆算、三式、天文書。」「諸試……三式即射覆及預占三日陰陽風雨。天文即預

定一月或一季分野災祥，並以依經備草合問為通。」

金代司天臺，從民間「草澤人」（即民間習術數人士）考試選拔：「其試之制，以《宣明曆》試推步，及《婚書》、《地理新書》試合婚、安葬，並《易》筮法，六壬課、三命、五星之術。」（《金史》卷五十一・志第三十二・選舉一）

元代為進一步加強官方陰陽學對民間的影響、管理、控制及培育，除沿襲宋代、金代在司天監掌管陰陽學及中央的官學陰陽學課程之外，更在地方上增設陰陽學課程（《元史・選舉志一》：「世祖至元二十八年夏六月始置諸路陰陽學。」）地方上也設陰陽學教授員，培育及管轄地方陰陽人。（《元史・選舉志一》：「（元仁宗）延祐初，令陰陽人依儒醫例，於路、府、州設教授員，凡陰陽人皆管轄之，而上屬於太史焉。」）自此，民間的陰陽術士（陰陽人），被納入官方的管轄之下。

至明清兩代，陰陽學制度更為完善。中央欽天監掌管陰陽學，明代地方縣設陰陽學正術，各州設陰陽學典術，各縣設陰陽學訓術。陰陽人從地方陰陽學肄業或被選拔出來後，再送到欽天監考試。（《大明會典》卷二二三：「凡天下府州縣舉到陰陽人堪任正術等官者，俱從吏部送（欽天監），考中，送回選用；不中者發回原籍為民，原保官吏治罪。」）清代大致沿用明制，凡陰陽術數之流，悉歸中央欽天監及地方陰陽官員管理、培訓、認證。至今尚有「紹興府陰陽印」、「東光縣陰陽學記」等明代銅印，及某某縣某某之清代陰陽執照等傳世。

清代欽天監漏刻科對官員要求甚為嚴格。《大清會典》「國子監」規定：「凡算學之教，設肄業生。滿洲十有二人，蒙古、漢軍各六人，於各旗官學內考取。漢十有二人，於舉人、貢監生童內考取。附學生二十四人，由欽天監選送。教以天文演算法諸書，五年學業有成，舉人引見以欽天監博士用，貢監生童以天文生補用。」學生在官學肄業、貢監生肄業或考得舉人後，經過了五年對天文、算法、陰陽學的學習，其中精通陰陽術數者，會送往漏刻科。而在欽天監供職的官員，《大清會典則例》「欽天監」規定：「本監官生三年考核一次，術業精通者，保題升用。不及者，停其升轉，再加學習。如能黽

勉供職，即予開復。仍不及者，降職一等，再令學習三年，能習熟者，准予開復，仍不能者，黜退。」除定期考核以定其升用降職外，《大清律例》中對陰陽術士不準確的推斷（妄言禍福）是要治罪的。《大清律例・一七八・術七・妄言禍福》：「凡陰陽術士，不許於大小文武官員之家妄言禍福，違者杖一百。其依經推算星命卜課，不在禁限。」大小文武官員延請的陰陽術士，自然是以欽天監漏刻科官員或地方陰陽官員為主。

官方陰陽學制度也影響鄰國如朝鮮、日本、越南等地，一直到了民國時期，鄰國仍然沿用着我國的多種術數。而我國的漢族術數，在古代甚至影響遍及西夏、突厥、吐蕃、阿拉伯、印度、東南亞諸國。

術數研究

術數在我國古代社會雖然影響深遠，「是傳統中國理念中的一門科學，從傳統的陰陽、五行、九宮、八卦、河圖、洛書等觀念作大自然的研究。……傳統中國的天文學、數學、煉丹術等，要到上世紀中葉始受世界學者肯定。可是，術數還未受到應得的注意。術數在傳統中國科技史、思想史，文化史、社會史，甚至軍事史都有一定的影響。……更進一步了解術數，我們將更能了解中國歷史的全貌。」（何丙郁《術數、天文與醫學中國科技史的新視野》，香港城市大學中國文化中心。）

可是術數至今一直不受正統學界所重視，加上術家藏秘自珍，又揚言天機不可洩漏，「（術數）乃吾國科學與哲學融貫而成一種學說，數千年來傳衍嬗變，或隱或現，全賴一二有心人為之繼續維繫，賴以不絕，其中確有學術上研究之價值，非徒癡人說夢，荒誕不經之謂也。其所以至今不能在科學中成立一種地位者，實有數因。蓋古代士大夫階級目醫卜星相為九流之學，多恥道之；而發明諸大師又故為惝恍迷離之辭，以待後人探索；間有一二賢者有所發明，亦秘莫如深，既恐洩天地之秘，復恐譏為旁門左道，始終不肯公開研究，成立一有系統說明之書籍，貽之後世。故居今日而欲研究此種學術，實一極困難之事。」（民國徐樂吾《子平真詮評註》，方重審序）

現存的術數古籍，除極少數是唐、宋、元的版本外，絕大多數是明、清兩代的版本。其內容也主要是明、清兩代流行的術數，唐宋或以前的術數及其書籍，大部分均已失傳，只能從史料記載、出土文獻、敦煌遺書中稍窺一鱗半爪。

術數版本

坊間術數古籍版本，大多是晚清書坊之翻刻本及民國書賈之重排本，其中豕亥魚魯，或任意增刪，往往文意全非，以至不能卒讀。現今不論是術數愛好者，還是民俗、史學、社會、文化、版本等學術研究者，要想得一常見術數書籍的善本、原版，已經非常困難，更遑論如稿本、鈔本、孤本等珍稀版本。在文獻不足及缺乏善本的情況下，要想對術數的源流、理法、及其影響，作全面深入的研究，幾不可能。

有見及此，本叢刊編校小組經多年努力及多方協助，在海內外搜羅了二十世紀六十年代以前漢文為主的術數類善本、珍本、鈔本、孤本、稿本、批校本等數百種，精選出其中最佳版本，分別輯入兩個系列：

一、心一堂術數古籍珍本叢刊

二、心一堂術數古籍整理叢刊

前者以最新數碼（數位）技術清理、修復珍本原本的版面，更正明顯的錯訛，部分善本更以原色彩色精印，務求更勝原本。并以每百多種珍本、一百二十冊為一輯，分輯出版，以饗讀者。

後者延請、稿約有關專家、學者，以善本、珍本等作底本，參以其他版本，古籍進行審定、校勘、注釋，務求打造一最善版本，方便現代人閱讀、理解、研究等之用。

限於編校小組的水平，版本選擇及考證、文字修正、提要內容等方面，恐有疏漏及舛誤之處，懇請方家不吝指正。

心一堂術數古籍 珍本 整理 叢刊編校小組

二零零九年七月序

二零一四年九月第三次修訂

徐氏全書第二十二種

遁甲釋要

南通徐昂著

中華民國三十七年
南通翰墨林書局印

遁甲釋要自序

昂去冬至滬。見寓齋書架分庋四庫全書四部叢刊影本。既取四部中京氏易傳。爲之箋解。經春而書成。夏季復擇四庫中遁甲演義。加以詮釋。歷秋而稿亦盈帙矣。遁甲以九宮爲基。配合三奇六儀與八門九星之符使。加臨移轉。判別吉凶。其學興於梁陳之際。隋唐迄宋。代有著錄。遁甲演義四卷爲明代海寧程道生所撰。即承其緒餘耳。近世以來。六壬盛行。遁甲寖微矣。甲之爲道。源於易緯乾鑿度太乙九宮之說。卦宮方位。本諸洛書。其陰陽順逆。五行迭運。蓋易之支流也。甲首爲青龍。乾初九潛龍勿用。用九見羣龍无首吉。即遁甲隱藏之象。蠱卦先甲三日。即辛壬癸六儀之半也。後甲三日。即三奇乙丙丁也。庚加癸爲大格。春秋首山庚癸之呼。舊說庚西方。主穀。癸北方。主水。昂以庚癸兩字暗示糧食之缺乏。即大格時也。演義一書於黃帝風后。雖承襲依託。立說不免偏於兵家。而節氣推遷。與夫超神接氣置閏之法。尤有關乎曆律而切於人事。四庫提要稱其於方技之中。最有理致。詎無因耶。昂既逐卷釋其要者。推衍大義。復爲三奇六儀八門九星二十四節氣諸表。列之末卷。以覘其變化相循之序。闕文隨處說明。舛譌之字。別爲校勘表附後。若夫符咒之屬。則概弗論及。黃帝陰符經。烟波釣叟賦。奇門原始。遁甲神機賦。此數篇所斠舉排比者。其例已分

見各卷中。亦不贅論。學者能留心活局之遷轉。其必有會於易傳變動不居周流六虛之道也乎。中華民國二十八年己卯十月徐昂記於滬上兆豐別墅

遁甲釋要目錄

卷一

遁甲源流

年家奇門　月家奇門　日家奇門　時家奇門

八門九星逐時移宮訣

陰陽遁局起例

超神接氣置閏訣　超接引例　又引證

遁甲錯誤須檢點

卷二

奇門吉格　天遁　地遁　人遁　飛鳥跌穴　青龍回首　玉女守門　三奇得便　神遁　鬼遁　風遁　雲遁　龍遁　虎遁　天三門地四戶　地私門　三詐五假

三奇凶格　青龍逃走　白虎猖狂　朱雀入江　螣蛇跃蹻　大隔　小隔幷歲隔月隔日隔時隔　刑隔　勃隔　熒入白　白入熒　伏干格　飛干格　伏宮格　飛宮格　六庚加宮六庚同宮格　三

奇受制　五不遇　三奇入墓　六儀擊刑　伏吟格　反吟格　門迫宮迫　天網四張格　伏錯休
四
卷三
九星所屬　五行旺相休囚　九星旺相休囚
天乙直符吉凶神說
三奇喜怒
冬至陽遁時奇起例
夏至陰遁時奇起例
推九星分野吉凶
奇遁布局法
卷四
陰陽兩遁圖表
陽遁直符加時干直使加時宮表　表九
陽遁局圖　一局至九局

陰遁直符加時干直使加時宮表 表九
陰遁局圖 九局至一局
陰陽兩遁圖表釋
干支卦宮記數
直符甲子旬頭
天乙直符吉凶八神
九星排列 九星加臨卦宮利主客表 九星值十二時吉凶表
八門排列
干支分系
卦宮方位
三奇配局值宮 三奇在陰陽兩遁各九局中值卦宮表 三奇在陽遁卦宮中值各局表 三奇在陰
遁卦宮中值各局表
六儀配局值宮 六儀在陰陽兩遁各九局中值卦宮表 六儀在陽遁卦宮中值各局表 六儀在陰
遁卦宮中值各局表

二十四氣三元分布　陰陽兩遁二十四節氣上中下三元分布各局表　陰陽兩遁節氣三元局數進退表　陰陽兩遁節氣三元局數推法　節氣三元局數異同

釋天門地戶太陰青龍

原書遁甲演義校勘表

遁甲釋要卷一

南通徐　昂著

遁甲源流

昔黃帝始創奇門四千三百二十局法。乃歲按八卦。分八節。節有三氣。歲大率二十四氣也。氣有天地人三候。歲大率七十二候也。候有五日。歲大率三百六十日也。日有十二時。歲大率四千三百二十時也。一時一局。故奇門四千三百二十局也。

昂按黃帝奇門以八卦爲基。八卦配八節二至二分四立。節有初中末三氣。以三乘八。得二十四氣。氣有初中末三候。氣候配合三才。以三乘二十四。得七十二候。干支每五日爲一候。以五乘七十二。得三百六十日。每日十二時。以十二乘三百六十。得四千三百二十時。奇門局數由此而定。

風后制奇門爲一千八十局者。以冬至陽生。起坎艮震巽四卦。統氣一十二候。計三十六分局。五百四十爲陽遁。以夏至陰生。起離坤兌乾四卦。統氣一十二候。計三十六分局。五百四十爲陰遁。合陰陽二遁爲一千八十定局也。此蓋撮四候而共看六十時定局。四箇一千八十定局。則依舊爲四千三百二十局矣。周太公諳兵法。善布奇門。以八卦分八節。節分三氣。氣分三候。歲計七十二候。立七十二活局。每局六十時。七十二局。計四千三百二十時也。

昂按黃帝以每日一時爲一局計。風后奇門一千八十局。以每五日一候爲一局計。占黃帝四千三百二十局四分之一。陽遁九局起冬至。陰遁九局起夏至。每局六十甲子。迄癸亥一周。以九乘六十。爲五百四十。陰陽兩遁以二乘五百四十。爲一千八十。每月歷節候二。五日爲一局。每月經六局。陽遁自冬至迄芒種十二候。三十六分局。陰遁自夏至迄大雪十二候。亦三十六分局。每候三局。以三乘十二。爲三十六。每月六局。以六局乘六箇月。亦爲三十六。周太公布奇門之法。承黃帝遺緒。七十二活局。占風后一千八十局十五分之一也。

漢張子房刪捷未詳冬至十二氣。分三十六候。撮四候爲陽遁九局。夏至十二氣。分三十六候。撮四候爲陰遁九局。此活圖更捷也。夫一十八局。七十二局。皆不越一千八十局矣。作硬局則皆一千八十局。作活局則有七十二局。一十八局。然一十八局雖簡。以奇門星儀符使之行。悉定布於局中。其爲課四千三百二十。舉目在前。其所未爲者。只加臨一事耳。如欲加臨。但依局所定正轉兩盤。其課遂成。是風后之法。乃萬世不易也。

昂按子房陰陽遁十八活局。占太公七十二活局四分之一。而冬至十二氣。分三十六候。夏至十二氣。亦分三十六候。三十六以二乘之。仍七十二也。陽遁四候爲冬至立春春分立夏。陰遁四候爲夏至立秋秋分立冬。陰陽遁各九局。每局經歷甲子至癸亥。凡六十日。以九乘六十。爲五百四十

○陰陽兩遁各五百四十相加。卽風后之一千八十局也。硬局變作活局。上中下三盤移轉周流。九星直符。八門直使。與三奇六儀之運行。天盤加臨地盤。皆視局而定。子房之陰陽兩遁一十八局○以二至二分之四候推之。卽太公之七十二局也。以五日一候爲一局推之。卽風后之一千八十局也。以每日以一時爲一局推之。卽黃帝之四千三百二十局也。

年家奇門

上元一宮起甲子。中元四宮起甲子。下元七宮起甲子。俱逆飛六儀。順布三奇。隨三元內各年支干○審在某甲旬內。則以其甲頭爲直符。符上之門爲直使。將甲頭直符之星。逐年干轉。直使隨年支逆飛。審其方向。得奇門到者吉。

昂按六甲皆稱甲子。甲子上元起一宮坎卦。中元起四宮巽卦。下元起七宮兌卦。在節氣中處暑當之。卽陰遁一局四局七局也。陰遁六儀逆布。三奇順布。（詳第四卷）年歲干支。就三元內六甲旬頭。尋得某甲頭直符所値之星與所當直使之門。逐干隨支。審其轉移之方向。能逢乙丙丁三奇門者。事無不利。

自嘉靖四十三年甲子起杜門。十年一移。萬歷甲午年移休。三元年遁。上元六十年。以陰遁一局加之。中元六十年。以陰遁四局加之。下元六十年。以陰遁七局加之。

昂按嘉靖甲子年。起巽宮杜門。十年逢甲戌。起震宮傷門。又十年逢甲申。起坤宮死門。再十年逢甲午。移至坎宮休門。此就陰遁四局推之也。上中下三元各六十年。分值一四七諸局。亦皆以陰遁加之。

月家奇門

三元分局。甲己遇四孟爲上元。在一宮起甲子。甲己遇四仲爲中元。在七宮起甲子。甲己遇四季爲下元。在四宮起甲子。俱逆布六儀。順布三奇。昂按順逆二字誤倒 每一元管五年。凡推月奇門。先審其年在何一元內。依前布門飛奇。次就其年遁月建係某甲頭直符。逐地下月干。轉符上之門爲直使。隨月支飛泊。看方向。得奇門到。大利。

昂按每一元統管五年。六十年內上元中元下元各四。甲己遇四孟或四仲或四季。而上中下三元以成。上元甲子起一宮。中元甲子起七宮。下元甲子起四宮。在節氣中冬至當之。驚蟄亦然。即陽遁一局七局四局也。陽遁順布六儀。逆布三奇。詳第四卷推月方法。先就三元內尋所值年歲。次就年遁月建覓甲頭直符與直使之門。逐干隨支。審轉移方向。以求奇門。與年家畧同。

自嘉靖四十二年十一月甲子起。休門在坎。三個月一移。至萬曆四十一年十一月甲子起。休門在坎。三元月遁。以五虎遁月建對之。六十遁。乙丙丁奇。並同八門方位。

昂按年家奇門內舉嘉靖四十三年甲子。此月家奇門內舉嘉靖四十二年十一月甲子。蓋十一月冬至。方伯坎卦初六當之。初候之卦則中孚值甲子也。嘉靖紀元共四十五年。自嘉靖四十二年計起。經過隆慶六年。至萬歷四十一年。祇歷五十年。此所謂甲子者。非六十年之周甲。亦非每年十一月中孚卦所值之甲子。乃三個月一移八卦周轉所值之甲子。休門皆起在坎也。三個月一移者。十一月甲子。十二月乙丑。正月丙寅。此三個月皆值一宮坎位甲子休門。二月丁卯。三月戊辰。四月己巳。此三個月即移在二宮坤位。逐次依八卦順序推排。周而復始。二宮坤位所寄之五宮不計。本卷遁甲錯誤須檢點中亦言五虎遁虎遁詳卷二奇門吉格

日家奇門

分陰陽二遁。按節推排。三日一局。順行六甲。周而復始。休開生景吉。得生旺合三奇加臨。更利。起訣。甲戊壬子居坎。丁辛乙卯坤栽。庚甲戊馬震宮遊。丁癸辛雞巽在。庚丙鼠歸乾六。己癸卯走西街。丙壬亦馬艮安排。昂按丁癸當作癸丁庚丙當作丙庚丙壬當作壬丙乙己雞飛離界。其法自坎宮起甲子。每三日一換。順飛八方。不入中五。看其日到何宮。便起休門。一順輪去。三吉門到。方便出入行事吉。如甲子乙丑丙寅在坎。丁卯戊辰己巳在坤之類。餘倣此推。

昂按月家三月一推。日家即三日一推。開始三日干支起自一宮坎位。次三日推之二宮坤位。以後

依卦宮位數順飛。其所謂不入中五者。卽五宮不計。以其寄居二宮。非正位也。起訣三日推一卦。二十四日經歷八卦。終而復始。甲子越二十四日爲戊子。再越二十四日爲壬子。皆當一宮坎位。坎宮値子。而甲戊壬皆配子。此所謂甲戊壬子居坎也。開始三日。甲子後卽乙丑丙寅。翌日丁卯。越二十四日爲辛卯。再越二十四日爲乙卯。皆受裁制於二宮坤位。坤宮居西南未申之方。本不値卯。而丁辛乙皆配卯。故云丁辛乙卯坤裁也。次三日丁卯之後。卽戊辰己巳。翌日庚午。越二十四日爲甲午。再越二十四日爲戊午。午屬馬。當三宮震卯之方。故言庚甲戊馬震宮遊。又次三日庚午之後。卽辛未壬申。翌日癸酉。越二十四日爲丁酉。再越二十四日爲辛酉。酉屬雞。當四宮巽位辰巳之方。故言丁癸辛雞巽在。又次三日癸酉之後。卽甲戌乙亥。翌日丙子。越二十四日爲庚子。子屬鼠。五宮寄坤非正位。故歸入六宮乾位戌亥之方。所謂庚丙鼠歸乾六者此也。又次三日丙子之後。即丁丑戊寅。翌日己卯。越二十四日爲癸卯。當西方七宮兌位酉支。故言己癸卯走西街。又次三日己卯之後。卽庚辰辛巳。翌日壬午。越二十四日爲丙午。午火屬馬。當八宮艮位丑寅之方。故言丙壬赤馬艮安排。又次三日壬午之後。卽癸未甲申。翌日乙酉。越二十四日爲己酉。酉屬雞。當九宮離位午方。故云乙己雞飛離界。以上所推。癸酉丙子己卯壬午。皆不推及再越二十四日之干支。因癸酉後推之庚子。再推卽循環至開始之甲子。丙子後再推。卽回至

甲子後三日之丁卯。己卯後再推。即回至丁卯後三日之庚午。壬午後再推。即回至庚午後三日之癸酉。故原文丙庚後不言及甲。己癸後不言及丁。壬丙後不言及庚。乙己後不言及癸。皆可推而知之也。三吉門爲開休生三門。休門臨一宮坎位。日到何宮。便從何宮起休門。輪至三吉門。事無不利。吉門凡四。尙有景門。黃帝陰符經謂「三奇偕合開休生。便是吉門利出行。」三門兼對三奇也。

甲子乙丑丙寅。休門在坎。丁卯戊辰己巳在坤。庚午辛未壬申在震。癸酉甲戌乙亥在巽。丙子丁丑戊寅在乾。己卯庚辰辛巳在兌。壬午癸未甲申在艮。乙酉丙戌丁亥在離。戊子己丑庚寅在坎。辛卯壬辰癸巳在坤。甲午乙未丙申在震。丁酉戊戌己亥在巽。庚子辛丑壬寅在乾。癸卯甲辰乙巳在兌。丙午丁未戊申在艮。己酉庚戌辛亥在離。壬子癸丑甲寅在坎。乙卯丙辰丁巳在坤。戊午己未庚申在震。辛酉壬戌癸亥在巽。甲子乙丑丙寅又復自坎宮起。每三日一移。年吉不如月吉。月吉不如日吉。日吉不如時吉。與日吉相合者更吉。

昂按三日干支從甲子起。前已分釋。每三日一換。八卦順輪。第三轉壬子癸丑甲寅休門在坎。推至辛酉壬戌癸亥在四宮巽位而止。此後不復推及六七八九諸宮。因甲子至癸亥一周。以後甲子乙丑丙寅。仍循環在一宮坎位也。以吉而言。時優於日。日優於月。月優於年。蓋切近者視廣廓者

爲要。時吉而兼日吉。或再兼月吉年吉。其吉之倍蓰可知矣。

時家奇門

假如陽遁一局。甲子在坎。天蓬爲直符。休門爲直使。管十時至癸酉止。甲戌在坤。天芮爲直符。死門爲直使。管十時至癸未止。甲申在震。天沖爲直符。傷門爲直使。管十時至癸巳止。甲午在巽。天輔爲直符。杜門爲直使。管十時至癸卯止。甲辰在五。天禽爲直符。死門爲直使。管十時至癸丑止。甲寅在乾。天心爲直符。開門爲直使。管十時至癸亥止。此陽一局。五日六十時足。餘類此推。乙奇離。丙奇艮。丁奇兌。乃陽遁儀順而奇逆也。甲辰五乃寄在坤二宮。

昂按十時一推。五日六十時。自甲子至癸亥一周。干支所値卦宮與九星直符八門直使。均依上中下三盤硬局推排。陽遁一局圖。一覽自可明瞭。乙丙丁三奇。分配九八七諸宮。至於逆布三奇。順布六儀。陽遁各局皆然。

若陰遁九局。甲子在離。天英爲直符。景門爲直使。管十時一換。甲戌在艮。天任爲直符。生門爲直使。管十時。甲申在兌。天柱爲直符。驚門爲直使。管十時。甲午在乾。天心爲直符。開門爲直使。管十時。甲辰在五。天禽爲直符。死門爲直使。管十時。甲寅在巽。天輔爲直符。杜門爲直使。管十時。此陰九局。五日六十時足。餘類此推。丁奇震。丙奇坤。乙奇坎。乃陰遁奇順而儀逆也

。

昂按陰遁十[illegible]推。法與陽遁同。甲子至癸亥。由九宮離位逆推至四宮巽位。乙丙丁三奇。順配一二三諸宮。奇順則儀逆。陰遁各局皆然。

八門九星逐時移宮訣

假如陽遁一局甲子時。照上格內蓬星在一宮。休門亦在一宮。則將下圓圖內輪子移蓬星休門。俱對一坎宮。則生門丙奇下有丙在艮。奇門全具。乙奇在離無門。丁奇在兌無門。

昂按遁法局圖及九星直符八門直使表格均見第四卷。陽遁第一局圖直符天蓬水星與直使休門。俱在一坎宮。生門丙奇在艮。乙奇在離。丁奇在兌。其所謂移者。示此圖非固定。輪子活動。可循環移轉也。九星直符八門直使第一表首行。天蓬下橫格內。甲子左旁有一一兩字。即表示天干甲地支子與天蓬直符皆在一宮坎位。休門直使亦然。

如乙丑時。看上格子內蓬星在九。（昂按九字下脫宮字）休門在二宮。則移下圓圖內輪子上蓬星對九宮。休門對二坤宮。則見休門丙奇在二坤宮。奇門全。乙奇在坎無門。丁奇在震無門。如丙寅時。上格子內蓬星在八宮。休門在三宮。則移下輪子上蓬星對八宮。休門對三宮。則休門丙奇在震宮。奇門全。乙奇在二宮。丁奇在六宮。俱無門。

昂按直符直使第一表首行。見第四卷直符天蓬下第二格。乙丑左旁有九二兩字。表示乙奇當九宮離位。天蓬移至九宮。休門移至二宮坤位。圖內除六甲註明甲子甲戌甲申甲午甲辰甲寅外。天干下皆署去地支。如乙丑不詳丑字。三奇六儀皆然。天道左旋。陽遁一局圖三奇由丙奇至乙奇。中間隔兩卦。乙奇至丁奇。中間隔一卦。丁奇至丙奇。亦間隔兩卦。丙奇既由八宮艮位移至二宮坤位。則九宮離位乙奇即移在一宮坎位。七宮兌位丁奇即移在三宮震位。方位坤對艮。坎對離。震對兌。此相對之移轉也。丙寅時。格左有八三兩字。丙奇當八宮艮位。即將天蓬移至艮宮。休門移至三宮震位。丙奇多列天蓬所在之次一位。三宮震位次於八宮艮位。故休門在三宮。丙奇亦同宮也。乙丁兩奇所値之卦。各有八門中之一門。而言無門者。重在與天蓬直符相次之門也。三奇內侚有丁卯時。試依法推之如下。第一表天蓬下第四格。丁卯左旁有七四兩字。丁奇當七宮兌位。即將天蓬星移至兌宮。休門移至四宮巽位。則丙奇在六宮乾位。乙奇在三宮震位無門。丁奇在九宮離位亦無門。

下至癸酉時。俱以甲子旬頭爲直符。休門爲直使。依前法移宮。又如甲戌時至癸未時。十時芮星直符。死門爲直使。若甲申時至癸巳時。俱以衝星爲直符。傷門爲直使。俱依上法逐時移之。餘倣此。

昂按乙丙丁三奇之外。六儀戊己庚辛壬癸。各配地支。皆以行首之星爲直符。行尾之門爲直使。

陽遁第一局直符直使表。首行甲子至癸酉。皆以天蓬爲直符。休門爲直使。次行甲戌至癸未。三行甲申至癸巳。各以所値之星爲直符。門爲直使。如原訣所言是也。餘如甲午至癸卯。直符天輔。直使杜門。甲辰至癸丑。直符天禽。直使死門。甲寅至癸亥。直符天心。直使開門。悉可依法移宮。

陰陽遁局起例

陽順局起例		
甲子戊一	詩曰	
甲戌己二	冬至驚蟄一七四。	
甲申庚三	小寒二八五相隨。	
甲午辛四	大寒春分三九六。	
甲辰壬五	芒種六三九是儀。	
甲寅癸六	穀雨小滿五二八。	
星奇丁七	立春八五二相宜。	
月奇丙八	淸明立夏四一七。	
日奇乙九	雨水九六三爲奇。	

陰逆局起例		
甲子戊九	詩曰	
甲戌己八	夏至白露九二六。	昂按二當作三
甲寅庚七昂按寅當作申	小暑八五二之間。	昂按五二當作二五
甲午辛六	大暑秋分七一四。	
甲辰壬五	立秋二五八循環。	
甲寅癸四	霜降小雪五八二。	
星奇丁三	大雪四七一相關。	
月奇丙二	處暑排來一四七。	
日奇乙一	立冬寒露六九三。	

昂按陽遁六甲所隱之戊己庚辛壬癸六儀。由一宮順數至六宮。乙丙丁三奇。由九宮逆數至七宮。陰遁六儀由九宮逆數至四宮。三奇由一宮順數至三宮。此就陽遁一局陰遁九局舉例。卽所謂陽遁順布六儀。逆布三奇。陰遁逆布六儀。順布三奇也。詩中節氣所系之數目字。皆指上中下三元所隸陰陽兩遁之局數而言。例如冬至驚蟄一七四。卽冬至驚蟄兩節。上元皆在陽遁一局。中元皆在陽遁七局。下元皆在陽遁四局。夏至白露九三六。卽夏至白露兩節。上元皆在陰遁九局。中元皆在陰遁三局。下元皆在陰遁六局。餘類推。昂製有節氣三元分布各局表詳第四卷

超神接氣置閏訣

歌曰。接氣超神爲準的。超者超過也。神者日辰也。接者承接也。氣者諸節也。節未至而日辰符頭先到。則以符頭爲主。而超用未來之節氣。此之謂超。又有節已至而日辰符頭未到。則以後日辰符頭爲主。而待日辰至。方承接之。蓋其氣未來。而奇星常用於前。此之謂折補。昂按折當作拆前局週完。方接所到之節爲接氣也。

昂按超神接氣。以日辰符頭到臨之先後爲主。符頭先節而至。用超神法。符頭後節而至。用接氣法。

假如丙午年四月十三日壬申。交立夏節。然四月初五日是甲子。已在立夏前九日矣。則合超越。先

於甲子下用立夏上局奇。己巳後用中局。此乃先得奇。後得節。凡作用取效甚速。

昂按立夏上元在陽遁四局。中元在陽遁一局。四月初五日甲子符頭先到。後八日壬申立夏。節氣後到。從甲子至戊辰五日爲上局奇。己巳至癸酉爲中局奇。此即超神之例。

又如十一月初二日庚寅大雪節。自前己卯至庚寅。已超十二日矣。是過旬也。餘無再超之理。至此合用閏。閏者何也。自甲午至戊申。計十五日。重復大雪節前局奇。十六日甲辰交冬至節。方用冬至下局。是謂之接也。自此以後。用接閏之法。又超接訣曰。但逢節氣相交日。四仲符頭恰相宜。一任推排無差忒。便爲正局上元期。正局既明無混濆。漸漸移來換超局。超至旬餘是閏期。三候纔終當接續。閏奇若不居芒種。便是陰終大雪時。十五日完斯巳矣。還將超接正同推。超越經旬或九朝。或過十一日無饒。閏奇額在斯三日。更不加前與後稍。昂按稍當作梢

昂按陰遁交遞陽遁。置閏定在陰終大雪之後。即陽始冬至之前。十一月初二日庚寅大雪節。自前符頭己卯迄庚寅。超十一日。連庚寅爲十二日已過旬餘。當置閏之期。自庚寅後四日甲午至戊申凡十五日。重作大雪節閏奇。此即所以置閏也。閏奇之先。自符頭己卯迄癸巳。此十五日爲大雪之上中下三超局。有超局而後有閏奇。閏奇至戊申止。當十一月二十日。二十一日己酉方可作冬至上元之開始。十六日甲辰雖交冬至節。地支逢辰者列下元。爲冬至下局。其實甲辰至二十日戊申。此

六日已爲大雪所借矣。天干甲己兩日號符頭。四仲符頭逢己爲中元。甲遇四孟卽上元。還將超接正同推者。超神接氣與正授奇同推衍也。（正授奇詳超接引例）

凡閏奇三候一終。卽爲接氣。接氣積久。乃換正奇。正奇暫移。乃換超局。超局越過九日。或十日。或十一日。又當置閏。以歸每節氣所餘五時二刻也。置閏定在芒種大雪之後。設遇小滿小雪二氣之交。雖超九日十日。不可置閏。蓋奇以冬夏二至陽極陰終置閏者。以畢各節氣積餘之氣也。

昂按一節三候。即初候次候末候。每候五日。十五日三候一終。閏奇接氣亦然。節氣值六甲或大己兩符頭者。即符節同到。是謂正奇。推排由正局而換超局。超至旬餘。卽當置閏。每月節氣以大盡三十日計之。尚餘五時二刻有零。故置閏歸其所餘也。陽遁節氣始於冬至。終於芒種。陰遁節氣始於夏至。終於大雪。陽遁置閏定在芒種之後。以便夏至之相交。陰遁置閏定在大雪之後。以便冬至之來臨。卽以宣散各節積餘之氣。而開啓未來之節氣也。

蓋超神接氣四字。乃遁甲中之關鍵。苟不能明先後曆數。但知超接之說。不知接用拆補之妙。則天道廢弛。人事乖違。而禍福不驗矣。甚至不知超接正閏之法。遽見成硬局。（昂按遽字當作據）以擇日時。上局反作下局。顚倒錯亂。無有效驗。遂忽之以爲不足信。可痛哉。況拆補之局永爲下之硬局。必待符頭先到日。（昂按先字衍文）方爲某節某氣上局。豈不是子午卯酉爲上局耶。上局永無拆補借用之理。

昂按拆補在下局而非上局。地支配局。多取對衝。子午衝。卯酉衝。列爲上局。中下兩旬亦取衝支。見後妙用在乎超接。曆數通於天人。變化錯綜。上下无常。要不可紊亂也。

閏訣曰。閏奇閏奇有妙訣。神仙不肯分明說。甲己二日號符頭。子午卯酉爲上列。寅申巳亥配中元。辰戌丑未下元節。節過符。符過節。閏積原來爲準則。節前得符謂之超。節後得符謂之接。有時超過一旬餘。便當置閏眞妙絕。要知置閏在何時。端在芒種與大雪。超神接氣若能明。便是天邊雲外客。

昂按六甲爲符頭。甲至戊五日爲一候。第二候之第一日値己。故六己亦號符頭。二十四節氣上中下三元。在陰陽兩遁中。皆分布三箇局內。列上元者多配子午卯酉四支。列中元者多配寅申巳亥四支。列下元者多配辰戌丑未四支。子陽水。亥陰水。午陽火。巳陰火。卯陽木。寅陰木。酉陽金。申陰金。水火木金。陽性配上元。陰性配中元。土性厚重而在下。故辰戌丑未列入下元也。置閏定在芒種大雪。芒種在陽遁內。六局己酉日。酉爲上元。三局甲寅日。寅爲中元。九局己未日。未爲下元。大雪在陰遁內。上元列四局己酉日。中元列七局甲寅日。下元列一局己未日。餘可推知。

超接引例

假如淳祐六年丙午四月十三日壬申立夏。而本月初五日是甲子。卽以立夏節用立夏前九日矣。則合前初五日起超在先。借用立夏上局奇。自初十日己巳。爲立夏中局奇。至十六日甲戌。用立夏下局奇。此乃先得奇後交節爲超。謂之超神速者也。

昂按此例已詳超神接氣置閏訣內。惟至十六日甲戌用立夏下局奇。未推及耳。

又如淳祐七年丁未二月二十三日。雖交淸明。至二十五日是己酉。始用淸明上局奇。此乃先交節後得奇爲接。謂之接氣遲者也。

昂按淸明上局在陽遁四局。列甲午日。而二月二十三日丁未交淸明。此實現之日期。與依規則配定之所値不同者也。未日先交淸明。前三日爲甲辰。辰與未皆不能配上元。故接後二日己酉爲上局奇。蓋列上元者必子午卯酉也。

又如其年六月二十八日己酉立秋。正値節與日辰同到。其日卽立秋上局。謂之正授奇。凡換奇皆子時換也。又須知閏奇之法。方能超接得眞也。

昂按立秋上元在陰遁二局。列己卯日。而己酉立秋。此亦實現與規定不同者也。己日爲符頭。節與符相値。可謂若合符節者矣。斯謂之正奇。奇不得正。卽換超局。超以子爲主。重陽生也。

積日以成閏月。積時以成閏奇。正超閏接有法。分金定刻難明。局以五日一換。遇一節氣。通換六

局。凡一月節氣。必三十日五時二刻零。以三十日分六局。以餘五時二刻置閏。超神不過十日。遇芒種大雪超過九日。卽置閏也。

昂按大閏積日成月。小閏積時成奇。五日一局。餘七刻。每日餘一刻六分。三十日六局。共餘五時二刻。芒種大雪。陽極陰終。超九日卽置閏。不待過旬。九爲老陽之數。物老則變也。

假如丙戌年五月初一日己卯至初九日巳某刻芒種奇。昂按巳字下脫時字 超九日則當置閏。卽用初一日己卯作芒種上超局。初六日甲申作芒種中超局。十一日己丑作芒種下超局。畢於此。重用一局。作三奇閏法。以十六日甲午作芒種閏奇。此超神置閏之法也。二十四日巳交夏至。是爲置閏借夏至七日。其五月小盡至六月初二己酉。方作夏至上局。初七日甲寅作夏至中局。十二日己未作夏至下局。以爲接氣煞也。昂按煞卽氣字似複

昂按芒種上元在陽遁六局內。列己酉日。而節氣實現之日期有變化。五月初九日丁亥交芒種。自前符頭己卯至丁亥。巳超九日。從初一日己卯迄十五日癸巳。分作上中下三超局。十六日甲午起。迄六日初一日戊申。五月小盡二十九日 此十五日作芒種閏奇。五月二十四日壬寅交夏至。故芒種閏奇。自壬寅至六月初一日戊申。此七日從夏至借來也。夏至既被借。故從戊申之翌日己酉計起。即六月初二日。迄十六日壬戌。分作夏至上中下三元。此接氣之例。

又引證

假如萬曆二十四年丙申正月初九日丑時立春。初九丙子日戊子時。還是先年大寒下局。自丑時至亥十一時。初十丁丑日十二時。十一戊寅日十二時。共三十五箇時。俱借立春下局。陽二遁坤二起甲子。此爲殘局也。蓋丙子丁丑戊寅三日。乃甲戌旬五日管下。故爲下局耳。十二己卯日符頭纔到。甲子時起。至癸未日亥時止。共計五日。方用立春上局。陽遁八宮艮上超甲子。昂按超字當作起 十七甲申日換局。甲子時至戊子日亥時。計五日。俱以立春中局。昂按以字當爲作字 陽五遁中宮起甲子。二十二日己丑日甲子時至辛卯日卯時止。計二十八時。俱補足前立春下局所少之數。此乃補局也。二十四日辛卯日辰時雨水。至二十六癸巳日亥時。計三十二時。俱借雨水下局。陽三遁震宮起甲子。蓋辛卯壬辰癸巳三日。乃己丑旬管下。故爲下局耳。二十七甲午日。符頭方到。自子時起至二月初一戊戌日亥時。計六十時。始作雨水上局。陽九遁離宮起甲子。二月初二己亥日子時起。至初六癸卯日亥時。計六十時。雨水中局。陽六遁乾宮起甲子。初七甲辰日十二時。初八乙巳日十二時。初九丙午日巳時上。昂按上字當作止 共三十時。俱補足前雨水下局所少之數。前正月辛卯日辰時起。至癸巳日亥時止。共三十二時。尚少二十八時。不滿一局也。今以此三十時補之。計六十二時。乃五日零二時爲下局。正是補局之法也。初九丙午日午時驚蟄。自午時起。至戊申日亥時止。共計三十時。俱驚蟄

下局。陽四巽宮起甲子。此爲殘局。蓋丙午丁未戊申三日。亦是甲辰旬管下。故爲下局耳。十二己酉日。符頭始到。子時至癸丑日亥時。共五日。作驚蟄上局。陽一遁坎宮起甲子。十七甲寅日子時起。至戊午日亥時止。共五日。作驚蟄中局。陽七遁兌宮起甲子。二十二己未日十二時。二十三庚申日十二時。至二十四辛酉日申時止。共算三十三時。俱補足前驚蟄所少下局之數。前驚蟄三十時曰殘局。今三十三時曰補局。共五日零三時。完一局也。寧可多二三時。不可少。六十時所零之時。留在後面作閏。

昂按正月初九丙子日丑時立春。符頭未到。丙子至戊寅三日。本爲大寒下局。甲子起於陽遁二局二宮坤位。借作立春下局。是謂殘局。丙子丁丑戊寅三日。旬頭爲甲戌。凡旬頭地支配辰戌丑未者。皆列下局也。十二日己卯。符頭始到。迄十六癸未日。共五日。方作立春上局。甲子起於陽遁八局八宮艮位。十七甲申日迄二十一戊子日。共五日。作立春中局。甲子起於陽遁五局二宮坤位所寄之五宮 五宮本中宮 是謂換局。二十二己丑日迄二十四辛卯日。補足前立春下局所値丙子丁丑戊寅三日之數。作爲立春下局。甲子起於陽遁二局二宮坤位。是謂補局。每局皆以甲己日甲子時定局。正月初九日丑時至十一戊寅日亥時。計三十五時。二十二己丑日甲子時至二十四辛卯日卯時。計二十八時。彌補立春下局所少之數。三十五加二十八。共六十三時。五日以外餘三時。即閏

奇之所由積也。正月二十七日。符頭甲午方到。二十四辛卯日交雨水。符後至而節先臨。辛卯壬辰癸巳三日。辛卯爲立春下局補足之日。借作雨水下局。甲子起於陽遁三局三宮震位。辛卯壬辰癸巳屬己丑旬頭。丑刻下局。雨水上局從符頭甲午計起。迄二月初一戊戌日。共五日。甲子起於陽遁九局九宮離位。中局卽由初二己亥日迄初六癸卯日。共五日。甲子起於陽遁六局六宮乾位。下局從初七甲辰日子時起。至初九丙午日巳時止。此三十時與前雨水下局所積三十二時相加。補足其數。五日六十時以外尙餘二時。二月初九丙午日交驚蟄。而十二日己酉符頭方臨。丙午爲雨水下局補足之日。借作驚蟄下局。甲子起於陽遁四局四宮巽位。此亦是殘局。甲辰旬頭管轄丙午數日。辰刻下局。與戊丑未同。驚蟄上局從十二日符頭己酉。至十六癸丑日。共五日。甲子起於陽遁一局一宮坎位。十七甲寅日迄二十一戊午日。共五日。卽作驚蟄中局。甲子起於陽遁七局七宮兌位。二十二己未日子時至二十四辛酉日申時。此三十三時加以前驚蟄下局所積三十時。補足成五日六十時外。計多三時。亦閏奇所取資者也。

假如萬曆二十七年己亥五月十七甲子日子時小暑節。此乃符節兩到。名正授奇。餘倣此。八月初三己卯日。乃符頭到。昂按乃字當在到字上 初四庚辰日丑時秋分。乃符先到而節後到。當用超法。

昂按節氣來臨之日。適値六甲或六己爲符頭。卽是符節相合。既不先而用超。又不後而用接。是

謂正奇。八月初四庚辰日交秋分。而初三己卯日符頭已到。節後於符。當超前一日。從己卯計起。

又如萬曆二十六年戊戌正月初八甲午日。符頭已到。十五日戌時雨水。乃符先到而節後到。當用超法。自正月初八甲午日超起。節節氣氣超去。超至十月二十七己卯日。超用大雪。直至十一月初九日。乃大雪節。已過十一日。合當置閏也。十三甲午日疊作大雪節。此名閏奇。倣此。自十一月十三接起。節節氣氣俱要接去。直接去至萬曆二十七年己亥五月十七甲子日子時。正交小暑節。此名正授奇也。倣此。正奇用至八月初三己卯日。符頭已到。初四秋分。乃符先到而節氣後到。又當超用。（昂按超用當作用超）自初四日秋分超起。（昂按四當作三）節節氣氣。超至於萬曆二十九年辛丑四月二十七甲午日。超用芒種。五月初七甲辰日丑時交芒種節。已超過十日。勢無再超之理。當此處置閏。五月十二己酉日疊起。又作芒種節上局。陽六遁乾宮起甲子。此即謂閏奇。故書云。二至之前有閏奇者此也。

昂按正月十五辛丑日交雨水。而符頭已於初八甲午日到臨。節後符先。即超自初八甲午日起。至十二戊戌日。作雨水上局。中下兩元逐日推排。超去至十一月初九庚寅日。交大雪節。初二甲申日。初七己丑日。申列中元。丑列下元。皆不能作符頭。故以十月二十七己卯日為符頭。卯列上

元也。用超法。卽從二十七己卯日起。作大雪上局。中下兩元類推。此爲超局。超過旬餘。卽當置閏。此先超局而後閏奇也。閏奇多開始六甲。十一月十三甲午日起。重復一局。作三奇閏法。從甲午日推起。每五日一推。至二十七戊申日。大雪上中下三元之閏奇畢矣。超去至翌年五月十七甲子日。交小暑節。節氣與甲子符頭相値。卽正奇也。八月初三己卯日。符頭來臨。後一庚辰日交秋分。節氣後於符頭。卽從初三己卯日超起。超法照前類推。超去至後二年五月初七甲辰日。交芒種節。辰列下元。初二己亥日。亥列中元。故以四月二十七甲午日爲符頭。超用芒種。午列上元也。超旬卽置閏奇。酉支亦列上元。從十二己酉日起。重推芒種上中下三局。迄二十六癸亥日止。上元甲子起於陽遁六局六宮乾位。中元甲子起於陽遁三局三宮震位。下元甲子起於陽遁九局九宮離位。芒種在夏至前。大雪在冬至前。閏奇定在芒種大雪。故二至之前有閏奇也。

遁甲錯誤須檢點

歌曰。更合從旁加檢點。餘宮不可有微疵。假如得開休生三門。又合乙丙丁三奇。亦未便爲全吉。猶忌餘宮犯格。先賢隱其天機妙處。未言其故。所以奇門不吉。百十餘格。不犯此則干彼。非稍究難知。如餘宮有犯。若得直符直使時干相左。昂按左字當依今文作佐則又何妨。蓋符使于佐。乃三奇八門一時之主宰也。或用乙奇。餘宮切忌逃走猖狂庚加乙兮等格。不吉也。其餘投江跌蹶。不足忌矣。

昂按開休生三吉門。合乙丙丁三奇。本爲吉象。餘宮犯格。則吉中有凶。得直符直使時干相佐。則又化凶爲吉。黄帝陰符經云。符加丙丁爲相佐。使加六丁爲守戶。此卽符使時干相佐之說也。乙加辛爲靑龍逃走。乙加庚亦然。辛加乙爲白虎猖狂。丁加癸爲朱雀投江。癸加丁爲螣蛇夭矯。三奇凶格。尙不止此。凶格詳第二卷

夫用遁之法。不推本命行年。未見精妙。必人生年命。乘本局吉星奇門生旺之方。始得神將護持。無不利也。若命入囚死刑剋之宮。而又加以惡星。雖所謀事合生開吉門。終不爲美。故遣將先擇其年命利者爲主。否則當候直符移易可也。法以生命隨局順逆爲主。行年隨命數至泊宮爲是。男順寅。女逆申。皆起五虎遁。其泊宮生剋刑害。須以納音而論歲月用支。蓋方隅生成之神命年用音者。爲八方有五命之塋也。緣五日爲一局。一局六十時。而一時之中。善惡不一。若不參之以年命。烏足以盡其美哉。

昂按九星之神。有吉有凶。年命乘吉星合奇門。固吉。但須値五行旺相之鄉。如遇休囚。雖有吉神。其護持之力量必薄。年命逢休囚或入墓或犯格。復有惡星降臨。雖有休生開景等吉門。不能化凶爲吉。直符移易。惡星變爲吉星。方可免凶。行年男命向左順數。起於艮方寅位。由寅而卯而辰。極之於丑。女命向右逆數。起於坤方申位。由申而未而午極之於酉。循環相因。行年隨命

數至所泊之宮。故稱泊宮。遁中中未詳納音。此所謂納音者。水納火音徵。火納土音宮。木納木音角。金納金音商。土納水音羽。五音配十二律。而五行之生尅寓焉。五日一局中六十時。有善惡之判。卽視年命與時之生尅衝合而定。本卷月家奇門例中亦言五虎遁虎遁詳卷二奇門吉格

加三奇得使者。乙奇加天盤甲戌甲午是。但乙奇加甲午辛上。乃青龍逃走。丙奇得使。加甲申庚上。火入金鄉。名曰熒入太白。丁奇得使。加甲寅癸上。乃朱雀投江。俱不可用。如遇本旬直符臨其上。則可用也。

昂按乙丙丁三奇得使。六甲遇之最吉。惟六甲隱六儀之下。甲午附辛。甲申附庚。甲寅附癸。乙加辛。丙加庚。丁加癸。皆凶。遇本旬直符加臨。須逢吉星。方可化凶爲吉。

遁甲釋要卷二

南通徐 昂著

奇門吉格

天遁

歌曰。生門六丙合六丁。此爲天遁自分明。經曰。上盤六丙。中盤生門。下盤六丁。生門合六丙月奇。下臨天上六丁。此時得月華之所蔽。亦不可犯。奇墓門迫。其氣升。內應其心。外主其身。下注其心。名曰玄珠。能聽而修者升天。下畧

昂按黃帝陰符經云。生丙合戊爲天遁。遁甲神機賦云。生丙臨戊。天遁用兵。歌詞言丁不言戊。丁之後卽戊也。丙陽火在天盤。丁陰火在地盤。中盤生門爲吉門。占者百事俱吉。六丙爲月奇。故得月華蔽之。六丁爲星奇。星月交輝。

假如陽遁四局。乙庚之日。乙酉時。天心爲直符。加時干六乙。開門爲直使。加時干七宮。昂按開當作杜七當作三卽生門與月奇六丙臨六丁於一宮。是爲天遁。昂按爲字當作爲

昂按陽遁四局。乙酉日或庚寅日。乙酉時。金星天心直符。加時干六乙。變開門爲杜門。下臨六乙於三宮震位。則生門由八宮艮位移動。六丙由二宮坤位移動。轉至一宮坎位。下臨六丁星奇。

原書作開門七宮。移轉後月奇六丙不符。

陰遁六局。戊癸之日。庚申時。天蓬爲直符。加時干六庚。休門爲直使。加時干四宮。卽生門與月奇六丙臨六丁於九宮。是謂天遁。

昂按陰遁六局。戊午日或癸亥日。庚申時。此時天蓬爲直符。休門爲直使。加時干六庚。轉至四宮。則中盤生門與天盤六丙由八宮艮位移動。轉至九宮離位。下臨六丁。

地遁

歌曰。開門六乙合六己。地遁如斯而已矣。經曰。上盤六乙。中盤開門。下盤六己。開門與六乙日奇臨地下六己。此時得日精所蔽。其氣黃。內應其脾。外應其形。任呼任用。又名黃婆金公。能修之者南宮列仙。下略

昂按黃帝陰符經云。地遁乙合開加己。歌詞本此。上盤六乙陰木。乙爲日奇。故得日精蔽之。下盤六己陰土。離卦納己爲日。亦有日精之象。中盤開門爲吉門。木雖剋土。而己爲地戶。日精華蓋。占者百事皆吉。與天遁同。

假如陽遁一局。丙辛之日。辛卯時。天沖爲直符。加時干六辛傷門爲直使。加臨一宮。昂按一當作四卽日奇臨六己於二宮。是爲地遁。昂按爲字當作謂

昂按陽遁一局。丙戌日或辛卯日。辛卯時。此時木星天沖直符。傷門直使。加時干六辛。轉至四宮巽位。則景門與日奇六乙。下臨六己於二宮坤位。

假如陰遁九局。夏至甲己日。丙寅時。以甲子天英爲直符。加坤丙。以景加七。其時開門合六己下臨八宮。此名地遁。

昂按陰遁九局甲己日。丙寅時。火星天英直符。由九宮移臨地盤二宮坤位六丙。景門由九宮移加七宮兌位。則六宮之開門與一宮之天盤日奇六乙。下臨地盤六己於八宮艮位。此亦六乙合六己也。

人遁

歌曰。休門六丁共太陰。欲求人遁無過此。經曰。上盤六丁。中盤休門。下盤太陰。休門與六丁星奇合。下臨太陰之位。得星精所蔽。其氣青黑。內應腎。外主耳目。名曰靈陽丹。修之者在世長年。中暑。天則隨其所求。地則隨其所覛。人則隨其所令。保持全勝之玄機也。

昂按六丁陰火星精。休爲吉門。陰火共太陰。蒙閉藏伏。利於遁隱。人與天地通。

假如陽遁七局。乙庚日。丙子時。天任爲直符。加時干六丙於五宮。生門爲直使。加臨一宮。即休門與六丁星奇。下臨直符前二六宮太陰中也。

昂按陽遁七局。乙亥日或庚辰日。丙子時。此時土星天任直符。加時干六丙。由八宮艮位移動。中値驚門。下臨二宮坤位所寄之五宮丙奇。則生門直使卽由八宮移臨一宮坎位。一宮中盤之休門與四宮巽位上盤之天輔六丁星奇。卽轉至下盤乾位。直符旣移至五宮。乾當第六宮在直符前二位。天盤木星天輔之上有太陰蔽之。故云下臨直符前二六宮太陰中也。

假如陽遁上元一局。甲己日。丙寅時。此時天上直符臨八宮。卽後一九天臨一宮。後二九地臨六宮。前二太陰臨四宮。前三六合臨九宮。

昂按陽遁一局甲己日。丙寅時。水星天蓬直符。由一宮坎位移至八宮艮位。則直符後一位之九天。由六宮乾位移至一宮坎位。後二位之九地。由七宮兌位地盤六丁移至六宮乾位。天盤値金星天柱六丁。直符前二位之太陰。由三宮震位移至四宮巽位。前三位之六合。由四宮巽位移至九宮離位。

假如陰遁上元九局。甲己之日。丙寅時。此時天上直符臨二宮。卽前一九天臨七宮。前二九地臨六宮。後二太陰臨四宮。後三六合臨三宮。或欲出行者。於所向之方呼其星辰之名而行六十步。方左轉入太陰中。昂按方字衍文

昂按陰遁九局甲己日。丙寅時。天盤火星天英直符。由九宮離位轉移至二宮坤位。則直符之前一

位九天。由二宮移臨七宮兌位。前二位九地。由七宮移臨六宮乾位。直符之後二位太陰。由三宮震位移至四宮巽位。上值天盤六丁。後三位六合。由八宮艮位移至三宮震位。下值地盤六丁。

假如陽一局。（昂按陽字下脫遁字）甲己日。丙寅時。六丙在八宮。以天上六甲天蓬直符加八宮。欲出東北方。呼其星辰之字子禽。行六十步。入太陰中。此時前二太陰臨四宮。前三六合臨九宮。左回入東南及正南。皆太陰中也。凡出入用事。皆向六甲所在之方。呼其神名。五行相制。行六十步。左轉入太陰中。（下畧）

昂按陽遁一局甲己日。丙寅時。六丙月奇值八宮艮位。將天上六甲水星天蓬直符。（天蓬字子禽）由一宮坎位移至八宮。則直符之前二位太陰。由三宮震位移轉至四宮巽位。前三位六合。由四宮移臨九宮離位。不特此也。後二位九地與天盤六丁。由七宮兌位移臨六宮乾位。與東南方巽位移臨之太陰相對峙。原書未言及。

以上三遁。最宜隱遁。人莫能窺。天遁下盤合六丁。乃三奇之最靈。又爲六甲之陰。謂奇門相合。有如華蓋之覆體也。地遁下盤臨六己。爲六合之私門。又爲地戶之陰。謂奇門相臨。有如紫雲之遮體也。人遁下盤臨太陰。蒙昧之象。蓋陰晦不能覩萬物。謂奇門陰宮相合。有如陰霧之遮蔽也。右三遁之時。凡用事興兵施爲出入修營宮室。萬事吉利。

昂按天遁上盤丙奇爲月精。地遁上盤乙奇爲日精。人遁上盤丁奇爲星精。天地兩遁所合六丁六己。皆在下盤。人遁所合太陰。雖涉及下盤陰宮。而所謂太陰者。則臨天盤之上。且六丁亦稱太陰也。

飛鳥跌穴

歌曰。丙加甲兮鳥跌穴。進飛得地。雲龍聚會。君臣燕喜。舉動皆宜。此時從生擊死。一敵萬人。百戰百勝。不論陰陽二遁。此時出兵行營遠遊。百事俱吉。君子利。小人凶。所謂天盤丙奇加地盤本時甲旬頭也。

昂按歌詞丙加甲兮鳥跌穴一句見黃帝陰符經。丙爲陽火。甲爲陽木。陽木乃陽火之母。六丙加臨六甲。名飛鳥跌穴。如雛得母。燕喜足徵。六丙月奇位在圖中天盤九星上。六甲旬頭位在圖中地盤九宮上。天盤丙奇加地盤本時甲旬頭。簡言之。即丙加甲也。

假如大寒中元陽遁九局。甲己日。辛未時。此時六丙在七宮。以直符天英加時干六辛於三宮。得六丙下臨六甲於九宮戊上。此名飛鳥跌穴。

昂按甲子日或己巳日。值辛未時。此日天英火星爲直符。與旬頭甲子同臨九宮離位。六丙在七宮兌位。六辛在三宮震位。以九宮離位所臨之直符天英。加時干六辛。移轉至三宮震位辛上。則七

宮兌位上所值天盤之天柱六丙月奇。卽下臨甲子旬頭於地盤九宮離位戊上。

假如大寒上局陽三遁。震宮起甲子。甲己日。丁卯時。天沖直符加丁時干離上。（昂按丁字前脫六字）卽六丙下臨六甲於三宮。此名飛鳥跌穴。

昂按大寒上元陽遁三局。甲子旬頭在三宮震位。木星天沖直符卽臨其上。月奇六丙在一宮坎位。將天沖直符加時干六丁。移臨九宮離位丁奇上。則一宮坎位上所值天盤之天蓬六丙月奇。卽下臨甲子旬頭於地盤三宮震位戊上。

靑龍回首

歌曰。甲加丙兮龍回首。不問陰陽二遁。得此局。更合奇門上吉。雖無吉門。亦可用事。凡利見大人。舉兵利客。（昂按客字當作主）揚威萬里。從生擊死。一敵萬人。百事皆吉。

昂按歌詞甲加丙兮一句。見黃帝陰符經。惟龍回首之回字作返字耳。甲木東方震位靑龍。震初乾陽爲首。六甲旬頭加六丙上。爲其所生之火。故象回首。天盤六甲下臨地盤六丙。與飛鳥跌穴成對象。

假如陽遁一局。甲己日。丙寅時。直符甲子戊與開門相合。加於八宮地丙之上。此爲靑龍返首也。

昂按冬至上元陽遁一局。甲己日。丙寅時。直符水星天蓬甲子大戊。本臨中盤休門。下盤一宮坎

位地戊之上。移轉與開門加於八宮艮位丙奇之上。卽天甲加地丙也。

會天乙直使之門也。

玉女守門

歌曰。又有三奇遊六儀。號爲玉女守門扉。若作陰私和合事。請君但向此中推。三奇遊六儀者。乃天上乙丙丁遊於甲子戊甲戌己甲申庚甲午辛甲辰壬甲寅癸之六儀也。玉女守門者。謂丁爲玉女。而

昂按三奇乙丙丁。六儀戊己庚辛壬癸。天地兩盤同具。天盤乙丙丁下臨地盤戊己庚辛壬癸。卽三奇遊六儀也。會合陰私並詳天三門地四戶陽遁一局。直使之門爲休門。移至七宮兌位。則丁奇玉女相會。黃帝陰符經云。使加六丁爲守戶。是也。

如陽遁一局。甲己日。庚午時。丁奇在兌。而庚午時亦在兌。休門直使加地丁七宮是也。故甲子用庚午。甲戌用己卯。甲申用戊子。甲午用丁酉。甲辰用丙午。甲寅用乙卯。

昂按陽遁一局。甲己日。庚午時。六丁在兌。休門由一宮移轉至七宮兌位。則直使加臨地盤六丁之上。天盤六庚在三宮震位。移至七宮。庚午在兌。則天盤六乙卽由九宮離位移臨一宮坎位甲子戊之上。六丙卽由八宮艮位移臨二宮坤位甲戌己之上。六丁卽由七宮兌位移臨三宮震位甲申庚之上。此天上乙丙丁三奇遊於地甲六儀也。六甲分用之乙丙丁戊己庚。配地支子午卯酉。

三奇得使

歌曰。三奇得使誠堪使。六甲遇之非小補。乙馬逢犬丙鼠猴。六丁玉女騎龍虎。甲戌甲午乙爲使。甲子甲申丙爲使。甲辰甲寅丁爲使。其法甲木畏庚金。是以三奇所使。除去巳酉丑。而甲午甲戌拱乙未。且乙木生午墓戌。故乙爲使也。火庫於戌。而亥宮甲木生丙火。是以甲子甲申拱戌亥而丙爲使也。丁卯爲甲子之陰。甲寅甲辰拱之。故丁爲使也。乙爲使者。乙奇加甲戌甲午。丙爲使者。丙奇加甲子甲申也。丁爲使者。丁奇加甲辰甲寅也。此時最吉。

昂按六甲爲旬頭。三奇乙得戌與午爲使。丙得子與申爲使。丁得辰與寅爲使。午馬戌犬。子鼠申猴。故云乙馬逢犬丙鼠猴。辰龍寅虎。故云六丁玉女騎龍虎。庚金剋制甲木。故甲畏庚。巳酉丑三合成金局。故三奇所使不相值也。木長生在亥。此云乙木生午。午火從木生出也。乙陰木墓在未。即木庫於未。戌爲火墓。此云墓戌。非謂午火生於乙而墓於戌。恐有誤。火庫於戌。絕於亥。丙配戌不配亥。甲午甲戌拱乙未。甲子甲申拱丙戌。甲寅甲辰拱丁卯。黃帝陰符經云。「巳上若得三奇妙。不如更得三奇使。」其吉可知。惟乙加甲午辛上。丙加甲申庚上。丁加甲寅癸上。又不吉矣。

假令陽遁九局。甲己日。庚午時。此時六乙日奇下臨三宮甲午。是爲乙奇得使。假令陰遁三局。丙

辛日。壬辰時。此時乙奇在杜門。下臨九宮甲午辛。亦為乙奇得使。

昂按大寒中元陽遁九局。甲己日。庚午時。天盤六乙日奇在生門。臨八宮艮位地乙之上。移動一位。即臨三宮震位甲午地辛之上。夏至中元陰遁三局。丙辛日。壬辰時。天盤乙奇在杜門。臨四宮巽位地乙之上。移動一位。即臨九宮離位甲午地辛之上。

假令陽遁九局。乙庚日。戊寅時。此時丁奇下臨四宮甲辰。是為丁奇得使。但乙奇加甲午辛。昂按辛字後脫上字乃青龍逃走。丙奇加甲申庚上。乃熒入太白。丁奇加甲寅癸。昂按癸字後脫上字乃朱雀投江。凡此三者。尚有微疵不吉。如遇本旬直符同臨其上。方可用之而吉也。

昂按陽遁九局。乙亥日或庚辰日。戊寅時。天盤六丁星奇在開門。臨六宮乾位地丁之上。移至對方。即臨四宮巽位甲辰地壬之上。此丁奇得甲辰為使也。丙奇得使。未舉遁局。似有闕文。六乙加六辛。六丙加六庚。六丁加六癸。天地兩盤相剋。皆不吉。例詳於後。

神遁

歌曰。天上六丙合九天。再合生門神遁然。丙奇與生門下臨九天之位。得神靈所蔽。下畧

昂按例如陽遁一局。甲己日。庚寅時。以天上直符移加三宮震位。則直符之後一位九天。即臨八宮艮位。天地兩盤六丙月奇與中盤生門。皆得九天之蔽覆。

鬼遁

歌曰。天上六乙合九地。臨於杜門鬼遁取。丁奇與休門相合。下臨九地之位。又曰。乙奇與開門相合。下臨九地之位。得鬼神隱伏之蔽。下略

昂按例如陽遁五局。四宮巽位。上下兩盤六乙日奇與中盤杜門。卽臨九地之位。陰遁七局。一宮坎位。上下兩盤六丁星奇與中盤休門。卽臨九地之位。陰遁五局。六宮乾位。上下兩盤六乙日奇與中盤開門。卽臨九地之位。此種相合。不待移動。

風遁

歌曰。天上六乙合三門。下臨巽宮風遁矣。又曰。丙奇與開門相合。下臨巽宮。不犯墓迫。得靈奇順風爽帆之蔽。又曰。三吉門臨地盤乙奇。又曰。開休生三門與六丁星奇相合。下臨地下六己。又曰。辛儀與奇門下臨六乙。中略 又丙奇開門相合。下臨坤宮。下略

昂按開門臨地盤六乙日奇。陽遁七局。陰遁五局。皆當乾宮。休門臨地盤六乙日奇。陽遁二局。陰遁九局。皆當坎宮。生門臨地盤六乙日奇。陽遁九局。陰遁七局。皆當艮宮。六乙日奇合開休生三吉門。臨四宮巽位。巽爲風。六丙月奇合開門。臨四宮巽位或二宮坤位。又三門合天盤六丁星奇。臨地盤六己。又六儀中之天上六辛。合奇門臨地盤六乙。皆須審某遁某局中某日某時。加

以時干。定九星直符。按宮移轉。由合而臨。方無愆忒。風遁乙丙丁三奇而外。涉及六儀。祇天辛與地己耳。

雲遁

歌曰。天上六乙合六辛。臨三吉門雲遁取。又曰。凡乙奇與開門合。下臨坤宮。不犯墓迫。得雲之蔽。又曰。乙奇與開門合。下臨六辛。下略

昂按天盤六乙日奇臨地盤辛儀。合開休生三門皆利。不限開門也。雲遁之六乙合開門臨坤宮。與風遁之六丙合開門臨巽宮。其不犯墓迫同也。

龍遁

歌曰。日奇合休於坎宮。此爲龍遁雲從起。又曰。伏吟乙奇與休門相合。下臨六癸。或在坎。得龍之蔽。下略

昂按六乙日奇合休門。下臨一宮坎位。陽遁二局陰遁九局皆然。若下臨地盤癸儀。陽遁二局須移至七宮兌位。陰遁九局須移至四宮巽位。

虎遁

歌曰。天上六乙合六辛。臨休到艮虎遁門。又曰。乙奇與生門臨六辛。得虎之蔽。一云。辛儀合生

臨艮。下署

昂按天乙與休門合地辛。與雲遁天乙合地辛臨三吉門相同。惟彼臨二宮坤位。此臨八宮艮位耳。雲遁臨開門。虎遁臨休門或生門。此即三吉門也。六辛加六乙爲白虎猖狂。六乙合六辛爲虎遁。吉凶判矣。辛儀合生門臨八宮艮位。陽遁五局陰遁二局皆然。

天三門地四戶

煙波叟曰。天三門兮地四戶。問君此法從何處。大沖小吉與從魁。此是天門私出路。地戶除危定與開。舉事皆從此中去。入式歌云。天乙會合女陰私。所謂天乙會合女陰私之事。要在三奇臨六儀。與三奇吉門合。太沖從魁小吉天三門。加除定危開地四戶。是謂福食。遠行出入皆吉。歌云。本月將名加時支。十二月將順遍數。太沖小吉與從魁。三方遊禍天門便。以月將加時支順數也。假如正月雨水後。用午時出行。則以月將登明加於時支午宮。登明在午上。神后在未。大吉在申。功曹在酉。太沖在戌。戌方爲天門。天罡在亥。太乙在子。勝光在丑。小吉在寅。寅方爲天門。傳送在卯。從魁在辰。辰方爲天門。餘倣此。以授時曆看審訂太陽過宮。方可選用。如去年十三月大寒節某日時刻。日纏玄枵之次。昂按纏當作躔太陽在子。以神后出將加用時。世俗但知登明爲正月將。却不知待雨水節後某日時刻。日躔娵訾之次。太陽方過亥宮。以登明天月將。方可用。登明天月將加用時。

以次輪去。如遇從魁小吉太沖。即是天三門也。如得本日貴人到乾亥。就是貴人登天門。天罡辰。太乙巳。勝光午。小吉未。傳送申。從魁酉。河魁戌。登明亥。神后子。大吉丑。功曹寅。太沖卯。正月亥。二月戌。三月酉。四月申。五月未。六月午。七月巳。八月辰。九月卯。十月寅。十一月丑。十二月子。

昂按黃帝陰符經云。斗中三奇遊六儀。天乙會合主陰私。歌詞本此。天三門以月將加時支。依十二時順數。時順而月則逆。例如首登明亥值正月。次神后子值十二月。是也。太沖在戌爲天門。小吉在寅爲天門。從魁在辰爲天門。寅木當東北方艮位。辰土當東南方巽位。戌土當西北方乾位。

歌云。用時支上加月建。建除滿平一順流。定執破危相接去。成收開閉掌中週。除定危開爲地戶。此方有難來修避。昂按修字當作藏以月建加用時順數。如寅上起建。卯爲除。午爲定。酉爲危。子爲開。三奇臨之大吉。正月寅上起建。二月卯上起建。餘倣此。如九月某日用巳時。則以戌建加於時支巳宮。除在午。午爲地戶。滿在未。平在申。定在酉。酉爲地戶。執在戌。破在亥。危在子。子爲地戶。成在丑。收在寅。開在卯。卯爲地戶。子午卯酉四方俱吉。

昂按地四戶以月建加用時順數。依十二時推之。每隔二時爲地戶。子水與午火。卯木與酉金。皆對衝而不相悖。三元亦以子午卯酉爲上元也。天三門地四戶兩圖詳原書又月將加時支順數至卯宮爲太衝天馬方月將加時支分貴神亭亭奸神白奸均詳

原書瑣細不備舉白奸常居寅申巳亥之位寅申巳亥爲中局也

地私門

六合太陰太常君。三辰元是地私門。更得奇門相照耀。出行百事緫欣欣。以天月將加所用正時。看貴人所泊何宮。即於貴人上起。貴人騰蛇朱雀六合句陳靑龍天空白虎太常玄武太陰天后。順逆而行。陽貴人出於先天之坤。子上起甲干順布。乙癸在丑。庚與乙合。戊與癸合。取干德合者爲貴人。故庚戊二干。陽貴人在丑。是也。己干在未。甲與己合。故甲干陽貴人在未。陰貴人出於後天之坤。申上起甲干逆行。乙癸在未。庚戊得合。故庚戊陰貴人在未。己干在丑。甲與己合。故甲干陰貴人在丑。自亥至辰。陰陽貴順行。自巳至戌。陰陽貴逆行。若得六合太陰太常三神與奇門同臨其方者。百事大吉。（下畧）自子至巳爲陽。用陽貴人。自午至亥爲陰。用陰貴人。（下畧）

昂按地私門以月將加用時。首貴人。次騰蛇。次朱雀。次六合爲私門。又次句陳。次靑龍。次天空。次白虎。次太常爲私門。又次玄武。次太陰爲私門。天后殿焉。陽貴依十二時順數。陰貴依十二時逆數。戊干陽貴人在丑。甲干陽貴人在未。陰貴人則戊干在未。甲干在丑。即順逆之分。此就遁甲約舉之者也。庚干宜與辛干同貴人。不宜闌入甲戊二干。舊說甲戊庚牛羊。卽謂庚干與甲戊二干貴人同在丑未也。沿誤已久。不可不正。（說詳拙著易學遁甲六壬商榷記）自子至巳爲陽。自午至亥爲陰

○而又以自亥至辰爲陽支○自巳至戌爲陰支○則陰陽均超前一時矣○庚戊得合者○謂庚與乙合○戊與癸合也○旦貴暮貴圖與地私門陰陽貴人順逆圖皆詳原書

三詐五假

歌曰○奇與門兮共太陰○三般難得總加臨○若還得二亦爲吉○舉措行藏必遂心○陽遁直符前二宮爲太陰○陰遁直符後二宮爲太陰○謂奇門與太陰三者不能皆得○若得二者亦吉○遇之可伏兵也○古經云○凡欲經求萬事○宜休開生下合乙丙丁○即吉○又取陰門相助○謂之三詐○凡太陰六合九地宮助奇門全備○用之有十分之利○若三門合三奇○無詐宮○謂之有奇無陰○得七分之利○若三門合太陰○無三奇○謂之有陰無奇○犯者不利○

昂按乙丙丁三奇逢休開生三門○小吉○再臨太陰○大吉○是謂奇門陰三合○黃帝陰符經云○「沐承丁合太陰人」○舉休以該開生○舉丁以該乙丙也○陽遁直符前二宮太陰○前三宮六合○後二宮九地○陰遁後二宮太陰○後三宮六合○前二宮九地○六合九地亦神之陰者也○乙爲威德○丙爲威武○丁爲太陰三奇之靈○此三句引原書有陰無奇不利○足徵奇門陰三者之中○奇尤足貴也○三詐五假○就原書所述列爲一表○

三詐五假表

詐假／門奇陰	合臨	宜（詐）利（假）
真詐	三門合三奇下臨太陰	施恩隱遯求仙
重詐	三門合三奇下臨九地	進人口取財拜官授爵
休詐	三門合三奇下臨六合	合藥治邪祈禳
地假	杜門合丁己癸下臨六合九地太陰	潛伏藏形隱神逃亡遣人間諜探事
天假	景門合乙丙丁臨九天 昂按乙丙丁疑當作丁己癸	陳利便進謁干求
神假	傷門合丁己癸下臨九地	埋葬
人假	驚門合六合下臨九天 昂按六合疑當作丁己癸	捕逃亡
鬼假	死門合丁己癸臨九地	超亡薦度

三奇凶格

青龍逃走

歌曰。六乙加辛龍逃走。金爲太白乃白虎。木爲青龍金剋木。龍虎相戰凶。昂按此句疑有脫文王琿曰。此時不宜舉兵。主客俱傷。百事凶。奇門大全云。六乙加辛。此時舉兵動眾。主失財遺亡破敗。又曰。

乙加庚亦是。

昂按黃帝陰符經云。乙加辛兮龍逃走。歌詞本此。乙爲陰木。辛爲陰金。東方乙木青龍。受制於西方辛金白虎。故天盤六乙加臨地盤六辛凶。庚爲陽金。陽尅陰甚於陰尅陰。

假如立秋上元陰遁二局。丙辛日。己亥時。六乙在三宮。以直符天任加時干六己於一宮。即六乙下臨六辛於八宮。此時青龍走也。

昂按陰遁二局。丙申日或辛丑日。己亥時。六乙在三宮震位。此時土星天任爲直符。以天任加六己。移轉至一宮坎位之上。則三宮所臨天盤之六乙日奇。臨八宮艮位辛上。

白虎猖狂

歌曰。六辛加乙虎猖狂。赤松子云。刀逢暗磨。疑如之何。彼欲見害。無陰可和。六辛加六乙。白虎也悲哀。若與幹錢財。自己須防災。華蓋屬金爲白虎。故辛加乙爲白虎猖狂。王璋曰。天上六辛加地下六乙。此時不宜擧事。主客兩傷。婚姻修造大凶。

昂按黃帝陰符經云。辛加乙兮虎猖狂。歌詞本此。天盤六辛陰金。加地盤六乙陰木。白虎制青龍。有猖狂之象。六庚加六乙恐亦然。

假如小暑中陰遁二局。甲己之日。壬申時。此時天芮直符加天盤六辛。下臨於三宮。原乙在三宮。

是爲白虎猖狂也。

昂按小暑中元陰遁二局。甲己日。壬申時。此時直符爲土星天芮。以天芮加時干六辛。移臨三宮震位之上。六乙日奇適在地盤三宮。此即辛金侵剋乙木。白虎控制青龍也。

朱雀入江

歌曰。六丁加癸雀入江。丁屬火爲朱雀。癸屬水。故丁加癸。朱雀入江。昂按朱雀上脫爲字 奇門大全云。丁加癸。主文書牽連或失脫文書。占家宅有驚恐怪夢。用兵防奸。王璞曰。天上六丁加地下六癸。名曰朱雀入江。使人百事皆凶。六丁加六癸。朱雀入水流。口舌猶未罷。官事使人愁。又曰。或有訴訟。自陷刑獄。或聞火起。不必往救。

昂按黃帝陰符經云。丁加癸兮雀入江。歌詞本此。六丁陰火。遇六癸陰水。火屬南方朱雀。癸屬北方玄武。離火爲坎水所剋。故天丁下臨地癸。必不吉。離火爲文明。受制於坎水。故文書有牽連失脫之象。離火又爲戈兵。坎爲疑。故用兵防奸。坎爲懼。爲憂。爲獄。故驚恐憂愁陷獄。皆兆於此。惟或聞火起云云。火受剋制。氣焰難逞。若謂火勢必熾。往救無效。則與象不符。

假如夏至中元陰遁三局。甲己日。壬申時。此時六丁在六宮。以直符天沖加時干六壬於八宮。即六丁下臨六癸於七宮。是爲朱雀投江也。

昂按陰遁三局甲己日。壬申時。此時木星天沖爲直符。天盤六丁下臨六宮乾位地丁之上。以時干六壬加之天沖。移動一位。轉至八宮艮位壬上。則六宮乾位所當天盤之天心六丁。卽下臨七宮兌位癸上。此所謂天丁加地癸也。

螣蛇夭矯

歌曰。六癸加丁蛇夭矯。六癸加六丁。夭矯迷路程。憂惶難進步。端坐卻不寧。謂癸屬水。爲北方玄武龜蛇。丁屬火。故癸加丁爲螣蛇夭矯。王瑋曰。天上六癸加地下六丁。名螣蛇夭矯。此時百事不利。

昂按黃帝陰符經云。癸加丁兮蛇夭矯。歌詞本此。六癸加六丁。陰水臨陰火之上。北方坎位龜蛇。其勢猖獗。故天癸加地丁。與天丁加地癸。皆不利於丁火。

假如冬至下元陽遁四局。丙辛日。戊子時。此時六癸在九宮。以直符天心加時干六戊於四宮。卽得天英爲六癸。下臨六丁於一宮。是爲螣蛇夭矯也。雖有奇門臨。昂按臨字下脫之字亦主虛驚不寧。

昂按陽遁四局。丙戌日或辛卯日。戊子時。此時金星天心爲直符。天盤六癸臨九宮離位地癸之上。以時干六戊加之天心。移轉至四宮巽位地戊之上。則天盤之天英六癸。卽臨一宮坎位地丁之上。天丁加地癸。天不利。天癸加地丁。地不利。丁加癸。火在水上爲未濟。癸加丁。水在火上爲既

濟。虛驚不寧。較之六丁加癸。似稍勝一籌也。

大隔

歌曰。庚加癸兮爲大格。六庚如加癸。圖謀未可通。求人終不見。端坐卽還宮。湯謂云。六庚加癸。名曰大格時也。謂天上六庚臨地下六癸。此時不可用。百事凶。遺亡亦不可得。求人卽不在。反招其咎。大格不宜遠行。車破馬死。造作人財破散也。

昂按格訓扞格。義與隔通。黃帝陰符經云。加己爲刑道上格。加癸路中大格宜。加己爲刑者指刑隔。大格卽指庚加癸。庚爲陽金。癸爲陰水。金本生水。而天庚加地癸爲大格。則以陰陽之相迕也。癸屬北方坎水。坎爲謀而格於庚。故圖謀不通。

假如秋分下元陰遁四局。甲己日。丙寅時。此時六庚在二宮。以直符天輔加時干六丙於六宮。卽得天芮六庚。下臨六癸於八宮。此名大格也。

昂按陰遁四局甲己日。丙寅時。此時木星天輔爲直符。下臨四宮巽位。天盤六庚臨地盤二宮坤位地庚之上。以時干六丙加之天輔。由四宮移轉至六宮乾位地丙之上。則二宮天芮六庚。卽臨八宮艮位地癸之上。此庚加癸也。

小隔并歲隔月隔日隔時隔

歌曰。加壬之時爲小格。又兼歲月日時移。六庚加六壬。謂之小格。一云伏格。當此之時。並不宜出師。

昂按歌詞加壬之時爲小格一句。見黃帝陰符經。庚陽金。壬陽水。陽無陰迮。故爲小格。天盤庚加地盤壬。亦不利。

論歲格。三元經云。六庚加當年太歲之干。名曰歲格。此時用事凶。奇門大全云。六庚加今歲干。如甲子年。庚加甲子也。大凶。六庚加年月日時干。動有凶隔。聞客先敗。占家宅。年爲父母。月爲兄弟。日爲己身。時爲妻男。假如辛丑辛（昂按下一辛字當作年）立春中元。陽遁五局。歲干在辛。以甲己之日癸酉時。六庚在七宮。以直符天禽加六癸於一宮。即見天柱六庚下臨六辛歲干於八宮。此名爲歲格也。

昂按天盤六庚加歲干爲歲格。立春中元陽遁五局。甲己日。癸酉時。此時土星天禽爲直符。當五宮。（寄坤二宮）天盤六庚臨七宮兌位地庚之上。六癸在一宮坎位。以時干六癸加之天禽。移轉至一宮坎位地癸之上。則天柱六庚即由七宮而臨於八宮艮位地辛之上。是年辛丑。辛爲歲干。六庚臨之。即天庚加地辛。亦即六庚加歲干辛也。

論月格。三元經曰。六庚加六朔格。爲凶時也。假如立春上元陽遁八局。月朔干在甲己日。丁卯時

○此時六庚在一宮○以直符天任加六丁於五宮○即得天蓬爲六庚○下臨月朔干六己於九宮○此名月朔格也○

昂按天盤六庚加月朔干爲月格○立春上元陽遁八局○月朔干在甲子日或己巳日○丁卯時○天蓬六庚臨一宮坎位地庚之上○此時土星天任直符爲八宮之天盤○以時干六丁加之天任○移轉至五宮之上○則天蓬六庚卽由一宮坎位而臨九宮離位地己之上○己爲月朔干○卽六庚加月朔己干也○

論日格○三元經曰○六庚加當日日干爲日干格○此時用事大凶○假如小暑下元陰遁五局○日干在甲己日○丙寅時○以天禽爲直符○加時干六丙於七宮○即六庚在七宮○（昂按七當作三）下臨六己於四宮○此名日干格○

昂按天上六庚加日干爲日格○陰遁五局○日干値甲己日丙寅時○土星天禽直符臨五宮○將時干六丙加之天禽○移轉至七宮兌位地丙之上○則三宮天盤上之天沖六庚○卽臨四宮巽位地己之上○己爲日干○天盤庚加地盤己○卽六庚加日干己也○

論時格○三元經曰○六庚加本時干者爲時格○亦名伏吟格○假如小寒上元陽遁二局○丙辛日○己丑時○六庚在四宮○以直符天輔加時干六己於三宮○比爲時格也○凡六庚爲直符○其十時皆爲時干格也○

昂按天上六庚加時干爲時格。陽遁二局。丙戌日或辛卯日。己丑時。此時木星天輔爲直符。臨四宮巽位之上。天盤六庚與地盤四宮六庚相應。此卽六庚爲直符。以時干六己加之天輔。移轉至三宮震位之上。己爲時干。卽六庚加時干己也。

刑隔

歌曰。加己爲刑最不宜。六庚加六己。赤地須千里。遠行車馬墮。軍兵半路止。湯謂曰。六庚加六己爲刑格。謂天上六庚加地下六己。此時出軍。車破馬死。中道而止。士卒逃亡。愼勿追之。反招凶咎。奇門大全云。六庚加六己。求謀主失名破財疾病。

昂按庚爲陽金。己爲陰土。土雖生金。而陰陽迕錯。猶之庚加癸爲大格。金生水而陰與陽迕也。天盤六庚加地盤六己。其不利與加六癸同。

假如大寒上元陽遁三局。甲己日。丙寅時。此時六庚在五宮。寄二宮。以直符天沖加時干六丙於一宮。卽得天禽爲六庚。下臨六己於四宮。此名刑格也。巽己同宮。己刑申也。（昂按申字當作庚）

昂按陽遁三局甲己日。丙寅時。此時木星天沖爲直符。臨三宮震位。五宮六庚寄二宮坤位。以時干六丙加之天沖。由三宮轉至一宮坎位地丙之上。則五宮所當天盤之天禽六庚。卽臨四宮巽位地己之上。庚與旬頭甲申同寄坤宮。己與旬頭甲戌同列巽宮。地支辰巳之巳在八卦中値東南方巽

位。巳申兩地支相刑。原書謂己刑申者。己屬天干戊己之己。當云巳刑庚也。

勃隔

歌曰。丙爲勃兮庚爲格。格則不通勃亂逆。天丙加地庚爲勃。天庚加地癸爲格。天上六丙加年月日時之干。直符類同。凡舉百事。主綱紀紊亂。經曰。丙丁直爲勃。昂按丁字當作庚火星焚大屋。移室且安然。獨自聞愁哭。庚加年月日時干。假爾爲客不宜爭。統兵領衆避此時。惟宜固守不移行。以上勃格。如不得已。運籌布局。反閉而去。變凶爲吉也。凡遇六丙六庚之時爲直符加時干。則十時皆勃格也。

昂按歌詞丙爲勃兮庚爲格二句。見黃帝陰符經。丙陽火剋制庚陽金。天盤六丙加地盤六庚。六丙加歲干庚。或月朔庚。或日干庚。或時干庚。皆爲勃。天庚加地癸爲格。或庚加年月日時。與大格庚加癸。小格六庚加歲月日時干。例可互參。如陽遁九局乙庚日戊子時。天盤六庚臨二宮坤位之上。以此時之直符天芮加六癸於五宮。五與二同宮。此亦庚加癸之例也。

熒入白

歌曰。六丙加庚熒入白。熒入白兮賊須滅。天盤丙加地盤庚。是火入金鄉。此時聞賊當退。

昂按南方丙火剋西方庚金。火星熒惑遇金星太白。即火入金鄉。黃帝陰符經云。太白入熒賊卽來

○火入金鄉賊卽去。就熒入白與白入熒互言之也。

假如小滿上元用陽遁五局丙辛之日戊戌時。此時六戊在五宮。以天任直符加時干六戊於五宮。得六丙下臨六庚於七宮。卽熒惑入太白也。

昂按陽遁五局。丙申日或辛丑日。戊戌時。此時土星天任爲直符。下臨八宮艮位辛上。六戊五宮寄二宮。以時干六戊加之天任。移轉至五宮。則三宮震位上之天盤丙奇。卽臨七宮兌位地庚之上。此六丙加六庚也。

奇門大全云。丙加下庚也。此時戰宜迴避。不宜沖擊。占賊來信必虛詐。赤松子云。熒惑入太白。上下相擊剝。丙往外滅。以讒賊陷。詩曰。二星相入凶氣橫。任得奇門愼勿行。此星若也行兵去。金火之辰是惡神。又曰。六丙來加六庚上。眞賊逃避不爲災。

昂按丙火入庚金之鄉。星凶辰惡而不爲災者。以其虛僞故也。

假如陰六局。（昂按陰字下脫遁字）甲己日。丙寅時。六丙在八宮。以直符天心加時干。卽六丙下臨六庚於四宮。此爲熒惑入太白。占賊不來。天英天景門到七六宮。（昂按景字上天字衍）亦是火到金鄉也。

昂按陰遁六局甲己日。丙寅時。此時金星天心爲直符。下臨六宮乾位。丙奇臨八宮艮位。以天心加時干。由六宮移至八宮。則八宮上所臨之天盤丙奇。卽臨四宮巽位地庚之上。占賊不來。卽所

謂眞賊逃避不爲災也。天英景門臨九宮離位。到七宮兌位六宮乾位。離爲火。乾兌皆金。離入乾兌。亦火入金也。

白入熒

歌曰。六庚加丙白入熒。白入熒兮賊卽來。天盤庚加地盤丙。乃金入火鄉而受剋凶。對敵宜防賊。

昂按天上六庚臨地下六丙。太白金星入熒惑火星。受剋必凶。

假如淸明上元用陽遁四局甲己之日。壬申時。此時六壬在八宮。以天輔直符加時干六壬於八宮。得天心爲六庚。加臨六丙於二宮。卽太白入熒惑也。

昂按陽遁四局甲己日。壬申時。此時木星天輔爲直符。下格四宮巽位。以六壬加之天輔。移作八宮之天盤。則天心六庚由六宮乾位左轉。下臨二宮坤位地丙之上。卽白金入熒火也。

湯諝曰。庚爲太白。丙爲熒惑。若此時對敵。宜防賊來。上盤六庚加下盤六丙是也。詩曰。天上六盤加六丙。昂按盤字當作庚太白入熒賊欲來。

昂按丙加庚。賊退避。庚加丙。賊欲來。金入火鄉。視火入金鄉尤凶。

假如夏至中元陰遁三局。乙庚日。戊寅時。六庚在一宮。以天芮直符加時干於三宮。卽六庚下臨六丙於二宮。卽太白入熒惑。又天心天柱到離宮。亦是金入火鄉也。

昂按陰遁三局。乙亥日或庚辰日。戊寅時。此時土星天芮爲直符。臨二宮坤位。以天芮加時干。移至三宮震位地戊之上。則一宮坎位所臨之天盤六庚。卽臨二宮坤位所寄五宮之丙上。卽庚金入丙火也。天心天柱皆金星。入九宮離火。亦是白入熒。

伏干格

歌曰。庚加日干爲伏干。天乙伏干格。（昂按此五字似衍文）三元經曰。六庚爲太白。加日干。即爲伏干格。此時主客鬬傷。皆不利。詩曰。日干若遇六庚臨。以此名爲伏干侵。若是戰鬬須不利。大都爲主必遭擒。

昂按歌詞庚加日干爲伏干一句。見黃帝陰符經。庚金主刑殺。伏日干。故不利。

假如小滿上元陽五局（昂按陽字下當有遁字）甲申日。壬申時。（昂按壬申當作壬辰）六壬在九宮。卽天柱爲六庚。下臨九宮。見今甲申是爲天柱六庚所加也。此爲天乙伏干格。

昂按陽遁五局甲申日。壬庚時。此時金星天柱爲直符。六壬值九宮離位。天柱值甲申庚。由七宮兌位移轉至九宮離位。庚逢甲申爲日干。卽伏干也。

飛干格

歌曰。日干加庚飛干格。詩曰。日干及臨庚。飛干格偏明。爭戰還不利。爲客最平平。三元經曰。

今日之干加大庚。飛干格。此時戰鬬。主客兩傷。

昂按歌詞日干加庚飛干格一句。見黃帝陰符經。日干甲加庚。陽木見剋於陽金。與庚加日干甲。其不利相等。爲客最平平。凶中有吉。

假如小滿上元陽遁五局。甲己日。庚午時。此時甲子在五宮。寄二宮。以直符天禽加時干六庚於七宮。卽得日干六甲下臨六庚於七宮。此名飛干格也。

昂按陽遁五局甲己日。庚午時。此時土星天禽爲直符。値甲子旬頭在五宮。寄二宮坤位。以天禽移動一位。轉至七宮兌位。則天盤六甲卽臨七宮地庚之上。甲爲日干。卽日干加庚也。

伏宮格

歌曰。庚加直符天乙伏。庚加直符宮。伏宮格爲宗。交鋒多不利。爲客少成功。三元經曰。六庚加直符。名爲天乙伏宮格。此時客主皆不利。鬬戰交兵氣自衰。占見人不在。占來人不來。奇門大全曰。六庚加天乙直符。此時主客皆不利。

昂按歌詞庚加直符天乙伏一句。見黃帝陰符經。庚陽金。乙陰木。金旣剋木。而陽又强於陰。受剋尤甚。

假如立春下元陽遁二局。甲己日。壬申時。此時六壬在六宮。以天上天芮爲直符。加地下六壬於六

宮。即得天輔爲六庚。下臨直符天芮於二。(昂按二字下脫宮字)此名天乙伏宮格也。

昂按陽遁二局甲己日。壬申時。此時直符土星天芮臨二宮坤位。以天盤天芮移轉至六宮乾位地壬之上。則四宮巽位之天盤天輔六庚。卽當直符天芮之位。而下臨二宮坤位。此卽庚加直符宮也。

飛宮格

歌曰。直符加庚天乙飛。飛宮是何星。直符加六庚。兩敵不堪爭。爲主似不贏。三元經曰。直符加六庚。名天乙飛宮格。此時主客不利。奇門大全云。此時固守。出則大將遭擒。

昂按歌詞直符加庚天乙飛一句。見黃帝陰符經。天乙直符加六庚。其不利與伏宮格同。

假如春分中元陽遁九局。甲己之日。日中庚午時。此時六庚在二宮。天英爲直符。以天上直符加時干六庚於二宮。卽得天英爲直符。下臨二宮六庚。此名天乙飛宮格也。

昂按陽遁九局甲己日。庚午時。此時火星天英爲直符。下臨九宮離位。六庚在二宮坤位。以直符加時干六庚。移轉至二宮坤位之上。則天英卽臨二宮地庚之上。此卽直符加六庚也。

六庚加宮六庚同宮格

歌曰。加一宮兮戰在野。同一宮兮戰於國。庚加日干。日干加庚。俱不利。如庚加一宮。或天盤庚

或地盤庚同一宮。皆主戰不利。天乙格謂六庚臨天乙所居地宮也。戰於野。凶也。天乙太白格。謂天乙直符與六庚同宮而行。戰於國。凶也。加時與太白格。利野鬬。若直使加六庚。宜固守伏藏。凡遇諸格之時。用兵主客俱不利。占人在否。格則不在。占人來否。格則不來。

昂按庚加日干。卽伏干格。日干加庚。卽飛干格。六庚臨天乙。卽伏宮格。天乙直符加六庚。卽飛宮格。天盤庚加地盤庚。六庚同宮。各局皆然。占者如日干當天盤直符逢庚。時干加地盤庚。直使臨之。則六庚同宮矣。庚金主刑剋。六庚加庚。較之甲子加甲子。其不利尤甚。犯格則占人不在或不來。與伏宮格同例。

三奇受制

王璋曰。乙奇臨乾驚門庚辛囚死。乃木入金鄉也。丙奇臨坎休門壬癸囚死。乃火入水鄉也。此謂三奇受制。萬事不可舉也。

昂按丁奇受制未詳。丙丁同火。丁奇臨壬癸。亦火入水鄉。丙奇臨壬癸。壬陽水制丙陽火。丁奇臨壬癸。癸陰水制丁陰火。

五不遇

歌曰。五不遇時龍不精。號爲日月損光明。時干來剋日干上。甲日須知時忌庚。葛洪曰。五不遇時

者。謂剛柔日相克而損其明。縱有奇門。不可行。百事凶。甲日庚午時。乙日辛巳時。丙日壬辰時。丁日癸卯時。戊日甲寅時。己日乙丑時。庚日丙子時。辛日丁酉時。壬日戊申時。癸日己未時。乃時干剋日干。陽剋陽干。陰剋陰干。名爲主本不和。極凶。

昂按黃帝陰符經云。五不遇時損其明。損明須知時剋日。歌詞本此。五不遇者。己與甲合。甲不遇己而遇庚。己不遇甲而遇乙。一不遇也。庚與乙合。乙不遇庚而遇辛。庚不遇乙而遇丙。二不遇也。辛與丙合。丙不遇辛而遇壬。辛不遇丙而遇丁。三不遇也。壬與丁合。丁不遇壬而遇癸。壬不遇丁而遇戊。四不遇也。癸與戊合。戊不遇癸而遇甲。癸不遇戊而遇己。五不遇也。庚陽金剋甲陽木。辛陰金剋乙陰木。壬陽水剋丙陽火。癸陰水剋丁陰火。甲陽木剋戊陽土。乙陰木剋己陰土。丙陽火剋庚陽金。丁陰火剋辛陰金。戊陽土剋壬陽水。己陰土剋癸陰水。天干逢五而合。如甲順越五干合己。逢六而剋。如庚逆越六干剋甲。餘可類推。戊由己庚辛壬癸而迴至甲。癸由甲乙丙丁戊而迴至己。皆越六干相剋。

三奇入墓

歌曰。三奇入墓好思推。甲日那堪見未宮。丙奇屬火火墓戌。此時諸事不須爲。更兼六乙來臨未。星奇臨八亦同論。

昂按日逢甲。屬陽木。墓在辰。那堪見未宮者。未爲乙木陰墓。所謂六乙來臨未者。卽乙奇墓未也。戌爲陽火之墓。丙奇陽火。故墓戌。星奇臨八。卽丁奇臨八宮艮卦。陰火墓在丑。丑値艮方也。

此乃乙丙丁奇臨六宮。在戌謂之入墓。不但奇臨之。遇丙日見戌時亦是。

昂按臨六宮入戌墓。專屬丙奇。與乙丁無涉。丙日見戌時。火雖生於土。而墓在戌。

王氏曰。三奇墓者。謂六乙日奇下臨二宮。六丙月奇到六宮。六丁星奇下臨八宮。是謂三奇入墓也。

昂按日奇卽乙奇。二宮謂坤。卽乙奇臨坤宮。乙木雖剋坤土。而坤方在未。木墓當未也。月奇卽丙奇。六宮謂乾。卽丙奇臨乾宮。丙火雖剋乾金。而乾方居戌。火墓在戌也。星奇卽丁奇。八宮謂艮。卽丁奇臨艮宮。丁火亦生於艮土。艮位在丑寅。丑爲火養之地。寅爲火長生之位。火墓在戌。是書以丙爲陽火墓戌。丁爲陰火墓丑。故丁奇之墓在丑而不在戌也。

經云。三奇入墓何時辰。丙奇乾上乙臨坤。或遇丙奇居戌上。還加丁向丑中存。

昂按六丙臨六宮乾上。卽月奇入戌墓。六乙日奇臨二宮坤上。卽日奇入未墓。丙奇火墓入戌土。戌在乾方。不啻丙奇臨乾宮也。丑屬艮方。卽六丁臨八宮艮卦。星奇入墓也。

歌曰。又有時干入墓宮。課中時下忌相逢。戊戌壬辰兼丙戌。癸未丁丑己同凶。

昂按戊戌爲陽土之墓。丙戌爲丙奇陽火之墓。壬辰爲陽水之墓。癸未爲乙奇陰水之墓。丁丑爲丁奇陰火之墓。己丑爲陰土之墓。土與火同墓。陽土墓同陽火。陰土墓同陰火。

葛洪曰。三奇者。謂丙戌時。時爲月奇入墓之時。（昂按爲字上之時字衍）又曰。凡遇乙庚日。丁丑時。爲丁奇入墓。黃昏是丙戌時。故爲月奇入墓之時。是爲三奇入墓。

昂按丙戌爲月奇入乾墓。丁丑爲丁奇入艮墓。三奇中尙有乙未爲乙奇入坤墓。蓋有闕文。

丙戌時。丙屬陽火。火墓在戌。壬辰時。壬屬陽水。水墓在辰。丁丑時。丁屬陰火。火墓在丑。癸未時。癸屬陰水。水墓在未。戊戌時。戊屬陽土。土墓在戌。己丑時。己屬陰土。土墓在丑。故戊己中央之土賴母而生。蓋以戊同丙火生於寅。己同丁火生於酉。前六時干辰入墓。亦不可用。

昂按此以辰戌丑未四土爲墓。土從火生。故土與火同墓。陽火陽土同墓於戌。陰火陰土同墓於丑。木從水生。故木與水同墓。陽水陽木同墓於辰。陰水陰木同墓於未。原文畧去「甲辰時。甲屬陽木。木墓在辰。」又畧去「乙未時。乙屬陰木。木墓在未。」金從土生。背與土同墓。庚陽金墓戌。辛陰金墓丑。如是則火土金三行皆同一墓。

六儀擊刑

歌曰。六儀擊刑何太凶。甲子直符愁向東。戌刑在未申刑虎。寅巳辰辰午刑午。

昂按六儀謂戊己庚辛壬癸。愁向東者。怕遇震也。黃帝陰符經云。「六儀忽然加三宮。更爲刑擊先須忌。六儀擊刑三奇墓。此時舉動百事誤。」三宮卽震位。東方値卯。甲子直符向東。則子卯相刑矣。未與戌刑。寅與申相衝相刑。虎卽寅也。寅巳亦相刑。辰與辰。午與午。皆自刑。

六甲地支相刑與自刑也。如甲子見卯。甲戌見未。甲申見寅。甲寅見巳。爲相刑。甲辰見甲辰。甲午見甲午。爲自刑。

昂按甲戌見丑亦相刑。甲申見巳。甲寅見申。皆相刑。地官中寅巳申三支相刑。丑未戌三支相刑也。六乙中乙酉見乙酉。乙亥見乙亥。亦皆爲自刑。

葛洪曰。六儀擊刑者。謂六甲直符加所刑之地也。甲子直符加卯。卯刑子也。甲戌直符加未。戌刑未也。甲申直符加寅。申刑寅也。甲午直符加午。午自刑也。甲辰直符加辰。辰自刑也。甲寅直符加巳。寅刑巳也。王璟曰。甲子直符加三宮。甲戌直符加二宮。甲申直符加八宮。甲午直符加九宮。甲辰直符臨四宮。甲寅直符臨四宮。巳上皆爲六儀擊刑。

昂按葛王兩說相符。葛所加者爲地官。王所加者爲卦宮。某宮即値某地宮也。三宮震位卯方。卯刑子。二宮坤位未方。未刑戌。八宮艮位寅方。寅刑申。九宮離位午方。午自刑。甲辰所臨四宮

○指巽位辰方○甲寅所臨四宮○指巽位巳方○辰與辰自刑○寅與巳相刑也○

郭璞論三合之刑○金剛火強○各刑本方○水流趨東○木落返本○甲寅甲午甲戌火局○刑巳午未南方○巳酉丑金局○刑申酉戌西方○甲申甲子甲辰水局○刑寅卯辰東方○亥卯未木局○刑亥子丑北方○

昂按巳申相刑○酉與酉自刑○丑戌相刑○酉金當西方兌位○此卽金剛刑本位西方也○寅巳相刑○午與午自刑○戌未相刑○午火當南方離位○此卽火强刑本位南方也○申寅相刑○子卯相刑○辰與辰自刑○子水當北方坎位○卯木當東方震位○此卽水流趨東而見刑也○亥與亥自刑○子卯相刑○丑未相刑○東方震位卯木○從北方坎位子水生出○水爲木之本○此卽木落返本而見刑也○水火木金四局軸心○以坎子離午震卯兌酉爲主○前後輔弼○距離皆以五計○例如申子辰水局○軸心子當坎水○爲局之主○前輔以申○由申左行至子爲五位○後弼以辰○由子左行至辰○亦爲五位○餘可類推○土旺四季○辰戌丑未四土○分布四局中爲後弼○火局與金局自刑皆當軸心○水局自刑在後弼○木局自刑在前輔○其餘相刑○多視格局與方位對列之地官而定○

假令冬至上元陽遁一局○甲己之日○夜半甲子爲直符○至日出卯時○是六儀擊刑也○至庚午時○以甲子直符加六庚於三宮○卽六儀擊刑時也○其時極凶○不可用事○

昂按甲子直符至卯時○子卯相刑○庚午時以甲子直符○加六庚於三宮震卯○子午衝而子卯刑○

伏吟格

歌曰。就中伏吟爲最凶。天蓬加著地天蓬。九星伏吟。上盤天蓬加地盤天蓬。乃九星仍在本宮不動。謂之伏吟。主孝服。損人口。

昂按天蓬水星。天地相遇。同宮不動。伏吟不利。黃帝陰符經云。蓬加英兮爲返吟。伏吟之時蓬加蓬。吉宿見之事更吉。凶宿逢之事愈凶。此以反吟與伏吟並言。反吟見後過吉宿則化凶爲吉。不盡不利也。

湯謂云。甲子來加甲子爲伏吟。不宜用兵。惟宜收斂貨財。凡六甲之時。門符皆是伏吟。

昂按天盤天蓬加地盤天蓬。在陽遁一局內當一宮坎位。卽上盤甲子加下盤甲子。甲戌甲申甲午甲辰甲寅。各局皆可依九星類推。九星直符。八門直使。遇六甲相加。皆爲伏吟。伏主潛藏。故宜收斂貨財。不宜用兵。卽以伏兵不動爲宜。又六庚爲直符加時干者。亦名伏吟格。詳小隔例中之時格。

假令冬至上元陽遁一局。甲己之日。夜半生甲子時。昂按生字衍天蓬直符加臨一宮。時干在一宮。此名門符皆伏吟也。

昂按日干甲子當天盤。時干甲子當地盤。在陽遁一局一宮。直符天蓬下臨休門直使。地盤天蓬。

此乃上天蓬遇下天蓬。亦卽甲子加甲子也。

反吟格

歌曰。天蓬若到天英上。須知卽是反吟宮。九星反吟者。天盤一宮上蓬星。加地盤九宮英星上。爲反吟。餘八同宮。昴按同字當在宮字下此直符反吟。謂上盤甲子加下盤甲午。上盤甲戌加下盤甲辰。遇奇門蓋之。不至凶害。不然。災禍立至。湯謂曰。子來加午爲反吟。此時不利舉兵動衆。惟宜散恤倉庫之事。凡星符對沖皆反吟。

昴按陰陽各局一宮坎位上盤直符水星天蓬。加下盤離位火星天英。卽坎子離午對沖。陰遁八局內。八宮上盤甲子。二宮下盤卽甲午。幸二五同宮。有丁奇當之也。餘如三宮震位上盤木星天沖。加七宮兌位下盤金心天柱。卽震木兌金卯酉對沖。四宮巽位上盤木星天輔。加六宮乾位下盤金星天心。卽巽木乾金辰戌對沖。巳亥對沖。八宮艮位上盤土星天任。加二宮坤位下盤土星天芮。或寄居坤位之五宮下盤土星天禽。卽丑未兩土對沖而相刑。寅木申金對沖。卽坤艮兩土相刑。凡九星直符。上下兩盤五行對沖。皆不利。値乙丙丁三奇門臨之。則可消弭災禍。

假令冬至上元陽遁一局。甲己日。乙丑時。六乙在九宮。以天上天蓬直符加臨時干在九宮。卽是直符反吟。反吟伏吟門若遇此。雖得奇。不可用。

昂按陽遁一局。六乙在九宮離位。水星天蓬直符在一宮坎位之天盤上。以天蓬加臨九宮離位天英之上。雖得乙奇爲門。而乙爲本日之時干。直符反吟。必不利也。

門迫宮迫

歌曰。宮制其門不爲迫。門制其宮是迫雄。三元經曰。吉門被迫。則吉事不成。凶門被迫。則凶事尤甚。宮制其門是凶迫。門制其宮爲吉迫。門生宮爲和。宮生門爲義。

昂按宮制其門。爲凶門被迫。其凶尤甚。歌詞謂不爲迫。何也。

假令開門臨三宮。休門臨九宮。生門臨一宮。景門臨七宮。爲吉門被迫。則事不成。不吉也。昂按末句當作則吉事不成也

昂按開休生景四門爲吉門。飾制坎離震兌四正卦。爲吉門被迫。三宮卽震卦。七宮卽兌卦。九卦卽離卦。一宮卽坎卦。開門當六宮乾金。而臨三宮震木。則金剋木。臨四宮巽木亦然。休門當一宮坎水。而臨九宮離火。則水剋火。生門當八宮艮土。而臨一宮坎水。則土剋水。景門當九宮離火。而臨七宮兌金。則火剋金。臨六宮乾金亦然。吉門之被迫。卽由受剋而然也。

假令傷門杜門臨二宮八宮。死門臨一宮。驚門臨三四宮。爲凶門被迫。則爲凶尤甚。

昂按傷杜死驚四門爲凶門。門當三宮震木。杜門當四宮巽木。而臨二宮坤土。八宮艮土。則土剋

於木。死門當二宮坤土。而臨一宮坎水。則水剋於土。驚門當七宮兌金。而臨三宮震木。四宮巽木。則木剋於金。驚門當六宮乾金亦盡。凶門之被迫。亦受剋制也。又按震木傷門。巽木杜門。皆屬凶門。故吉門被迫例中無木剋土者。坎水休門。離火景門。皆屬吉門。故凶門被迫例中無水剋火。火剋金者。

天網四張格　地網卽壬臨時干不賓

歌曰。天網四張無路走。一二網低有路踪。三至四宮行入墓。八九高強任西東。天網者。天上六癸所加之下。是也。凡六癸之時亦是。如在一二三四宮。爲尺寸低。在五六七八宮。爲尺寸高。遇之不可出。出必傷。若被客圍。卻從卯未酉三宮。看何門奇可破。出無妨。假令大暑下用陰遁四局。（昂按用字當作元）乙庚日。己卯時。此時天上六癸在八宮。以天衝直符加三宮。得天任爲六癸。下臨八宮。天盤癸加地盤癸。卽天網高八尺矣。陽遁此例也。（下畧）如天上六癸直符加地上一二三四宮。爲尺寸低。若臨六七八九宮。爲尺寸高。此時萬事不宜。雖合奇門吉宿。亦不宜用。（下畧）

昂按壬陽水爲天羅。癸陰水爲地網。此則以癸爲天網。壬爲地網。黃帝陰符經云。天網四張時加癸。是也。陰符經又云。天網四張無走路。歌詞本此。陰遁四局。乙亥日或庚辰日。己卯時。此時木星天沖爲直符。天沖在三宮震位天盤。値日干己。土星天任在八宮天盤。下臨艮位。上下兩

盤皆逢癸。卽天盤癸加地盤癸也。

伏錯休囚

歌曰。十干加伏若加錯。入庫休囚吉事危。

昂按伏如伏干伏宮諸格。錯如餘宮犯格等例。墓庫陽水陽木皆在辰。陰水陰木皆在未。陽火陽土陽金皆在戌。陰火陰土陰金皆在丑。休囚則水休東囚南。火休西囚北。木休南囚西。金休北囚東。五行旺相休囚詳第三卷

時加六戊。乘龍萬里。莫敢呵止。六戊爲天門。又爲天武。宜以遠行萬里。百事吉。戊爲天門。凶惡不起。當從天上六戊出。故曰乘龍萬里。凶惡不敢害。鷄不鳴。犬不吠。將兵客勝。昂按客字當作主聞憂無。聞喜有。利以遠行市賈。小人驚走亡命。

昂按戊爲六儀之首。中央戊土爲乾坤門戶。故爲天門。又爲天武。天武卽天步。戊字象六龍句絞。故有乘龍之徵。利君子。不利小人。

假如立春中元陽遁五局。甲己日。戊辰時。此時六戊在五宮。寄坤二。以直符加時干。卽六戊臨二宮。出西南吉。

昂按陽遁五局甲己日。戊辰時。此時土星天禽爲直符。甲子戊當二宮內之五宮。以直符加日干甲

時干戊。卽天盤戊加地盤戊也。戊土與土星合。己日亦屬中央土。辰時爲龍。乘龍是徵。坤位二宮寄有五宮。列西南方。故出西南吉。

時加六己。如神所使。不知六己。出被凶咎。故己爲六合。此時宜深謀祕密之事。當從天上六己出。不宜市賈顯揚之事。隱匿如神所使。不知六己者謂爲顯赫。必逢殃咎。又爲地戶。獨出獨入。無有見者。將兵聞喜無。聞憂有。利以出官嫁娶。小人不利。亡命驚走。若占人有逃亡陰私之事。

昂按己在天宮中列第六干。故爲六合。己與戊同屬中央土。故又爲地戶。坎戊離己。坎位北方。而戊稱天門。離位南方。而己稱地戶。坎陽而離陰也。顯赫離象。隱匿坎象。不宜顯揚而宜祕隱。離己通於坎戊也。

時加六庚。抱木而行。强有出者。必見鬬爭。謂庚爲天獄。此時凶。强有出者。必遇刑罪。故曰能知六庚。不被五木。不知六庚。誤使入獄。或被陵辱。將兵主勝。不利客。利屯營固守。聞憂有。聞喜無。市賈道死。物傷無利。入官嫁娶凶。六庚之時。惟宜固守。能知六庚之時。謂此已下至六癸時。不宜出動。

官按六庚在天宮中屬刑官。金主刑剋。抱木則庚金剋甲木。庚爲天獄。利固守者。庚金堅凝之徵也。大隔小隔刑隔勃隔熒入白白入熒伏干飛干伏宮飛宮加宮同宮諸格。莫不係於六庚。至於青龍

逃走。白虎猖狂。皆涉及六辛。朱雀入江。螣蛇跃蹻。皆涉及六癸。均宜靜不宜動。

時加六辛。行遇死人。强有出者。罪罰纏身。此時行兵出入並凶。强有出入。斧鐨在前。（昂按鐨字當作鑕）

行爲受累。故曰能知六辛。所往行來。不知六吉反凶也。（昂按六字下脫辛字）

昂按辛爲陰金。亦主刑尅。與庚相副。庚爲天獄。辛即爲地牢。凶象同庚。

遁甲釋要卷三

南通徐　昂著

九星所屬

大盆樞京天輔武曲紀星　執慶剛昱天禽廉貞綱星
總綱星連任總承符元天心文曲紐星　凝華奸化天衝破軍關星
英明集華天任星　陰藝大衍天蓬隱光右弼星
陽瑽孚慶天芮洞明左輔星　照中勳今天英貪狼太星
通玄須變天柱祿貞星星（昂按星字複）

三元經曰。輔禽心星爲上吉。衝任次吉理須明。大凶天蓬與天芮。小凶天柱及天英。更論五行旺相氣。吉凶輕重自然分。大凶旺相凶卻小。小凶旺相號中平。吉星旺相吉無比。若還無氣也中平。凡吉宿亦要遇旺相。若遇休囚廢沒。亦不可用。經曰。若上吉次吉。星無旺氣則中平。乘旺相氣則大吉。乘死休囚廢則爲凶。以意審用之。九星休旺者。謂九星各旺於同類。月相於我生。月休於生我。月囚於官鬼。月死於妻財。（昂按休當作廢死當作休）月日時同。

昂按黃帝陰符經云。「天輔衝任禽心吉。天蓬天英芮柱凶。」此特分吉凶。未別等次也。天蓬水

星值坎。天英火星值離。坎爲險象。故大凶。離焚如死如棄如。故小凶。天禽天任天芮同屬土星。而天禽值五宮上吉。天任值艮次吉。天芮值坤。坤當死門。故大凶也。天輔天衝同屬木星。而天輔值巽上吉。天衝值震次吉。天心天柱同屬金星。而天心值乾上吉。天柱值兌小凶。天輔天禽天心三星雖上吉。而天輔利於春夏。天禽利於秋令。天心秋冬吉。春夏凶。利見君子。不利小人。遁甲謂天禽四時吉。推之旺相休囚。不盡然也。天蓬天芮兩星雖大凶。而天蓬宜安撫邊境。修築城池。春夏將兵大勝。士卒利主。天芮宜崇尚道德。交結朋儕。受業師長吉。嫁娶爭訟移徙築室。秋冬吉。天衝除春夏將兵勝外。諸事不宜。天任除移徙築室凶外。諸事皆吉。故爲次吉。遁甲謂天任四時吉。亦不盡然也。天柱除嫁娶修造祭祀外。諸事皆不宜。天英除出入遠行與飲宴外。諸事皆不宜。故爲小凶。九星之中。天輔尤吉。遁甲謂「甲己之日己巳時。（昂按己巳似當作甲戌）乙庚之日甲申時。丙辛之日甲午時。丁壬之日甲辰時。戊癸之日甲寅時。是天輔之時也。」三元經曰。天輔之時。有罪無疑。斧鑕在前。天猶赦之。此時有罪。皆能自釋。昂按天輔寅旺午相。其吉固宜。而辰休申囚。亦化爲吉矣。吉星逢五行旺相之氣。極吉。以理推之。吉星喜旺相而忌休囚廢沒。凶星忌旺相而喜休囚廢沒。遁甲則無論星之吉凶。皆以旺相爲宜。九星旺於同類。如水星天蓬旺於亥子月。亥子皆水。與水星爲同類。是也。月相於我生。如水星相於寅卯月。寅卯皆木。

木由水生。我者代水自稱也。日廢於生我。如水星廢於申酉月。申酉皆金。金生水。故言生我也。月休於妻財。如水星休於巳午月。巳午皆火。火爲水所剋。我剋者爲妻財也。月囚於官鬼。如水星囚於辰戌丑未月。辰戌丑未皆土。土剋水。剋我者爲官鬼也。同類者爲兄弟。我生者爲子孫。生我者爲父母。合之妻財官鬼。皆所謂親屬也。以親屬之生剋而論。官鬼剋制與我同類之兄弟。故水星旺於與水同類之兄弟。而囚於剋水之官鬼。父母剋制我生之子孫。故水星相於我所生木之子孫。而廢於生水之父母。父母由官鬼而生。官鬼由妻財而生。父母官鬼。一遇之而廢。一遇之而囚。故妻財亦連及而休矣。

五行旺相休囚

木 旺東相北休南囚西

火 旺南相東休西囚北

金 旺西相南休北囚東

水 旺北相西休東囚南

土 旺於四維辰戌丑未無所不用也

九星旺相休囚

	旺	相	廢	休	囚
天蓬水星	亥子月	寅卯月	申酉月	巳午月	辰戌丑未月
天任芮禽土昂按土字下脫星字	辰戌丑未月	申酉月	巳午月	亥子月	寅卯月

天衝天輔木星 寅卯月 巳午月 亥子月 辰戌丑未月 申酉月
天英火星 巳午月 辰戌丑未月 寅卯月 申酉月 亥子月
天柱天心金星 申酉月 亥子月 辰戌丑未月 寅卯月 巳午月 後畧

昂按北方亥子水。南方巳午火。東方寅卯木。西方申酉金。四維辰戌丑未土。土雖旺於四季。其實除辰戌丑未等月逢旺外。祇相於夏令火旺時耳。其餘値土者。非廢則休。非休則囚耳。九星所値五行。月日時可類推。旺相主吉。廢休囚主凶。星吉而逢凶者有之。星凶而逢吉者有之。星吉而逢吉則更吉。星凶而逢凶則更凶。黃帝陰符經云。「陰宿禽心柱英芮。陽宿衝輔及蓬任。」天任天芮天禽同屬土星而別吉凶。蓋九星之分陰陽。視碩局所配之卦宮而定。天蓬臨坎。天任臨艮。天衝臨震。天輔臨巽。自坎子十一月冬至陽生。至巽巳四月陽盡。故蓬任衝輔皆陽宿也。天英臨離。天芮臨坤。天禽寄坤。天柱臨兌。天心臨乾。自離午五月夏至陰生。至乾亥十月陰盡。故英芮禽心柱皆陰宿也。離居南方陽位。而卦象中女陰虛爲陰卦。坎居北方陰位。而卦象中男陽實爲陽卦。天蓬水星屬陽宿。天英火星屬陰宿。宜也。

天乙直符吉凶神說

歌曰。直符前三六合位。太陰之神在前二。後一宮中爲九天。後二之神爲九地。 太陰布星起例。

隨本時直符宮。直符螣蛇太陰六合白虎玄武九地九天。陽遁直符宮所到之宮加活局。直符順布宮星。昂按宮星當作星宮陰遁直符宮所到之宮加活局。直符逆布星宮。後署

昂按天乙直符諸神。陽遁向左順布。陰遁向右逆布。活局移轉。星宮隨之。白虎該括句陳。玄武該括朱雀。直符天乙之神。遁甲所謂急則從神者此也。九天威捍之神。九地堅牢之神。此兩神者。一利於動。一利於靜。孫子言善戰者動於九天之上善守者藏於九地之下太陰陰佑之神。六合護衛之神。此兩神者。遁甲謂人有急難。可從此方避之。白虎凶惡之神。玄武小盜之神。螣蛇虛詐之神。此三神者。遁甲謂若得奇門會合之方。則不忌。綜此八神。蓋五吉而三凶也。

王璋曰。九天之上。六甲子。謂六甲直符當六甲之時。士衆當背直符所臨之宮而擊其衝。無不勝。經曰。揚兵於九天之上。所以甲為九天之上者。謂易稱乾納甲壬。乾為天。天道上升。以甲數至壬。其數九。故六甲為九天之上。所以六皆稱甲子者。昂按六字下脫甲字六甲之始。支干之長。舉上以明下。故六甲皆稱甲子。

昂按九為老陽之數。天之數九。而地亦稱九者。陰從陽也。六為老陰之數。陽甲之數亦為六者。陽從陰也。甲冠天干之始。甲戌甲申甲午甲辰甲寅皆稱甲子者。尊其始也。

九地之下六癸酉。謂六癸之位皆稱九地之下。凡逃亡絕迹。當以天上六癸所臨之方下出入。易稱坤

納乙癸。又坤爲地。地道下降。從乙數至癸亦爲九。故六甲爲九地之下。昂按甲字當作癸所以六癸皆稱癸酉。是甲子之終。

昂按八卦納甲。惟乾坤納兩干。乾納甲兼納壬。坤納乙兼納癸。蓋八卦盡而十干未盡。所餘壬癸。分歸乾坤循環。故乾自甲至壬。坤自乙至癸。其數皆九。癸殿天干之終。癸未癸巳癸卯癸丑癸亥皆稱癸酉者。崇其終也。

六合之中六己巳。謂六己之位。皆爲六合之中。凡爲陰祕之事。從天上六己所臨之方而出。人莫見之。經曰。六合爲私門。獨出獨入。無有見者。所以六己爲六合中者。從甲數至己。其數六。爲甲己合。故六合之中六己巳者。亦舉甲子一旬之義。故俱稱六己巳也。後署　昂按末句當云故六己俱稱己巳也

昂按自甲至己。其數爲六。以天干前五與後五分之。甲冠十干。而爲前五干之始。己爲後五干之始。兩始既終。乃成一旬。故甲己兩干皆爲符頭。己卯己丑己亥己酉己未皆稱己巳者。重其中之始也。十干戊己皆居中。獨舉己者。卽以其爲後五干之始耳。

本理曰。九天九地祕通神。太陰六合定乾坤。能知此訣備於我。肯把三門別立根。出向奇門分造化。人於心上起經綸。守城攻郭憑於此。道不慮行只在人。

昂按吉神能合開休生三門并天上三奇。造化之功更大。此道由人心而起。三門與太沖小吉從魁天

三門有別。

歌曰。九天之上好揚兵。九地潛藏可立營。伏兵但向太陰位。若逢六合利逃刑。本義云。九天者剛健之至極也。九地者幽隱之至深也。動於九天。故言攻之至極。藏於九地。故言守之至深。九天乃天之殺伐之氣。遁在此方。亦可以藉此炁揚兵耀武。九地乃地之蒙晦之氣。遁在此方。亦可以藉此炁遮藏形迹。太陰之下。可以伏兵。六合之下。可以逃亡。冬至後陽遁逆天上直符所臨之宮。後一爲九天。後二爲九地。前二爲太陰。前三爲六合。夏至後陰遁順天上直符所臨之宮。前一爲九天。前二爲九地。後二爲太陰。後三爲六合。後畧

昂按黃帝陰符經云。地爲伏匿天揚兵。六合太陰可藏避。歌詞本此。吉神陰多於陽。九天屬陽神。九地太陰六合皆神之陰者。天乙直符八神。陽遁順布。陰遁逆布。此言陽逆陰順者。蓋陽左轉。陰右轉。以左爲前。右爲後。則陽順陰逆。以右爲前。左爲後。則陽逆陰順。而直符之次第自在也。遁甲所謂三勝者。天上直符天乙宮第一勝。九天宮第二勝。生門合三奇吉宮第三勝。五不擊者。卽天乙九天生門三宮而外。加九地直使兩宮。詳原書卷二昂釋要第二卷未引補附於此

三奇喜怒

乙奇者。日奇也。到震爲白兔遊宮。造作謁見出行吉。到巽謂玉兔乘風。百事吉。到離謂白兔當陽

○宜作顯揚○煅藥煉丹○百事宜良○到坤謂玉兔暗目○又名入墓○上官遠行市買遷移修作用之○立見災殃○到兌名受制○事多不利○到乾名玉兔入林○上官遠行修築並吉○到坎名玉兔飲泉○到艮名玉兔步靑○宜利○

昂按乙取兔象○到震○卯方兔畜○爲兔遊本宮○乙屬陰木○震陽木○巽陰木○同類相比○巽爲風○離爲日○故乙到巽乘風○到離當陽○巽巳陰火○離午陽火○乙木從火生○坤方未爲木墓○純陰幽暗○故到坤暗目○又名入墓○乙木東方○爲西方兌金所剋○故到兌受制○乾居西北郊野林木之處○坎爲水泉○艮處東北○與東方卯木爲鄰○故到乾入林○到坎飲泉○到艮步靑○乙奇臨八宮○惟坤兌兩宮不利○

丙奇者○月奇也○到震謂月入雷門○架柱修門修營○永逢吉慶○到巽名火行風起○龍神助威○發生之道○事皆宜利○到離爲帝旺之鄉○但除子午二直符時不可急用外○其他寅申辰戌○用之俱良○到坤謂子居母腹○吉○到兌謂鳳凰拆翅○（昂按拆字當作折）到乾謂光明不全○又名入墓○凶不可用○到艮名鳳入丹山○艮爲鬼道○丙火爍然○凶必然矣○

昂按丙爲月奇○取月象○震爲雷○故到震爲月入雷門○丙屬陽火○巽爲風○故到巽有火行風起之象○離位午火○帝旺於夏○丙火入離鄉○其旺極矣○旺極則防休廢○子午水火衝剋○午火自刑○

故丙火不宜急用。申當坤方。辰當巽方。到巽火行風起。到坤子居母腹。固吉。到乾到艮皆不吉。而艮方之寅。乾方之戌。用之亦良。臨其宮則凶。逢其時則吉。火長生在寅而墓在戌。丙火在離鄉遇之。絕處逢生。坤爲母爲腹。月奇月本坎象。坎陽居坤陰腹中。故月奇到坤。謂爲子居母腹。乾方戌爲火墓。故丙火臨乾。光關逢凶。火象昭文。鳳凰文彩爍燿。故丙奇又有鳳凰之象。兌方値酉。火死於酉。陽火墓戌。陰火墓丑。丙陽火而遇艮。亦不利。丑當艮方。亦火墓也。八宮中未言及坎。此必有闕文。

丁奇者。星奇也。三奇之中。此星最靈。六丁本火之精。化而成金。到震最明。若修營此方。可用竹級七箇。燃火前引入夫。行四步外。滅火則興工。必有祥應。到巽爲少女。名玉女留神。大風成象。巽也。到離乘旺。而火炎能銷爍萬物。燥暴不常。到坤。坤爲地戶。謂玉女遊地戶。吉。到兌。火死金旺之鄉。能凶能吉。到乾名火照天門。又名玉女遊天門。其妙異常之比。到艮名玉女遊鬼門。凶。到坎名朱雀投江。又丁入壬癸鄉。威德收藏。可愼靜。勿顯揚。

昂按丁奇火精。震木生火。故到震最明。丁爲陰火。火精成金。金火相輝。故有玉女象。丁奇到巽。留神風成。與丙奇到巽。風起神助。同主吉兆。丁火乘離火。而有銷爍燥暴之虞。與丙奇到離。子午二直符時不可急用。其道通也。乾爲天門。坤爲地戶。丙火遇坤吉而値乾凶。丁火遊乾

坤兩宮皆吉。乾方戌位。逢丙則爲墓。遇丁則爲門。蓋利於陰火。不利於陽火也。兌爲金。金旺於秋。則火休廢而死。火性剋金。丁奇以火精化而成金。故丁奇到兌。能凶能吉。艮陽剝於上。陽氣將盡。有鬼象。故丙奇臨之爲鬼道。丁奇臨之爲鬼門。其凶同徵。丁屬南方火。爲朱雀。坎爲水。丁奇到坎。名朱雀投江。與六丁加六癸名朱雀入江。其理同一。壬陽水。癸陰水。丁火入水鄉。水帝旺則火亦休廢。火剋於水。而又胎於水。故靜宜不宜動。待時可耳。

冬至陽遁時奇起例

假如萬曆二十五年四月十二壬申日丙午時用事。初四甲子。符頭已到。初七丁卯戌時小滿。乃符先到而節後到。用超注。甲子至戊辰五日。小滿上局。五中起甲子。己巳至癸酉五日。小滿中局。二坤起甲子。甲戌至戊寅五日。小滿下局。八艮起甲子。

昂按節氣未至。而甲子直符已先期而至。則以符頭爲主。而超用未來之節氣。是謂超神。例如初四甲子。直符降臨。越三日丁卯。節氣交小滿。須超前三日。從符頭甲子算起。至丁卯後一日戊辰。爲小滿上元之局。當陽遁五局。五中起甲子。五宮寄居二宮坤位。甲子隱戊下也。由小滿上元下推日辰。初九己巳至十三日癸酉爲中元。當陽遁二局。甲子值二宮坤位。隱戊下。十四日甲戌至十八日戊寅爲下元。當陽遁八局。甲子戊起於八宮艮位。五二八卦宮之數與陽遁之局數相

符。

今壬申日午時。正是小滿中局。陽遁二。坤宮起甲子。逆布三奇。順布六儀。甲子坤。乙坎蓬乙奇。丙離英丙奇。丁艮任丁奇。逢戊遷元。甲子戊在坤。甲戌己在震。甲申庚在巽。甲午辛中寄坤。甲辰壬在乾。甲寅癸在兌。

昂按壬申日丙午時小滿中元。當陽遁二局。甲子當二宮坤位。乙奇與天蓬水星臨一宮坎位。丙奇與天英火星臨九宮離位。丁奇與天任土星臨八宮艮位。此於甲子旬頭外舉一九八等卦宮逆布之三奇也。逢戊遷元。仍歸到旬頭甲子。第一旬頭甲子在坤而隱於戊。故戊亦在坤。第二旬頭甲戌隱於己。當三宮震位。第三旬頭甲申隱於庚。當四宮巽位。第四旬頭甲午隱於辛。寄二宮坤位。即五宮也。第五旬頭甲辰隱於壬。當六宮乾位。第六旬頭甲寅隱於癸。當七宮兌位。此由甲子旬頭推及二三四五六七等卦宮順布之六儀也。

原用丙午時。甲辰旬管下。甲辰同壬在乾。即以乾下心星為直符。（昂按下字當作上）丙午時干泊離。乃移天盤心星加地盤離上。逢乙奇到坤。任丁奇到兌。英丙奇到艮。

昂按陽遁二局甲辰旬丙午時。甲辰隱於壬。當六宮乾位。天盤天心金星臨其上為直符。六丙月奇值九宮離位。將此天心之盤移轉至離位之上。天盤甲辰壬亦隨之而遷。則天蓬水星與六乙日奇之

天盤。卽由一宮坎方而加之地盤二宮坤位之上。天任土星與六丁星奇之天盤。卽由八宮艮方而加之地盤七宮兌位之上。天英火星與六丙月奇之天盤。卽由九宮離方而加之地盤八宮艮位之上。丙午時甲辰旬。卽以心星爲直符。加離順數。甲辰原在乾。卽以開門爲直使。順點去。甲辰乾。乙巳兌。丙午時艮。昂按時字衍 開門加艮。是也。丙午時。丙奇到艮。曰鳳入丹山。開門相生。丁奇到兌。火旺金死。景門加兌。宮迫不吉。乙奇到坤入墓。杜門加坤。門迫不吉。

昂按陽遁二局甲辰在乾。順點由甲辰六宮乾推及乙巳七宮兌。丙午八宮艮。此依六七八卦宮之次第。推天干甲乙丙地支辰巳午也。天盤天心由乾宮移臨離宮之上。天盤乙丙丁三奇。隨之分轉於坤艮兌諸宮。再以乾宮所當之中盤開門。移轉至九宮艮位。艮值開門。相生而不相迫。景門加兌。爲吉門被迫。杜門加坤。爲凶門被迫。丙陽火華彩有鳳象。艮象爲山。臨丙火有丹象。故丙奇到艮稱鳳入丹山。丁火兌金。火能剋金。丁奇到兌。火旺則金死。乙爲陰木。木墓在坤位未方。乙奇到坤。故入墓。

夏至陰遁時奇起例

假如萬歷二十五年五月十一辛丑日丙申時用事。初四甲午。符頭巳到。初八戊戌日辰時夏至。乃符先到而節後到。用超法。 甲午至戊戌五日。夏至上局。九宮起甲子。 己亥至癸卯五日。夏至中

局。三宮起甲子。　甲辰至戊申五日。夏至下局。六宮起甲子。

昂按初四日甲午。越四日初八戊戌交。夏至。符頭先於節氣。以甲午至戊戌爲夏至上元。當陰遁九局。甲子戊起於九宮離位。初九日己亥至十四日癸卯五日。爲夏至中元。當陰遁三局。甲子戊起於三宮震位。十五日甲辰至十九日戊申爲夏至下元。當陰遁六局。甲子戊起於六宮乾位。九三六卦宮之數與陰遁之局數亦相符也。

今辛丑日申時。正是夏至中局。陰遁三。震宮起甲子。順布三奇。逆布六儀。甲子震。乙巽輔乙奇。丙中禽丙奇。丁乾心丁奇。逢戊還元。甲子戊在震。甲戌己在坤。甲申庚在坎。甲午辛在離。甲辰壬在艮。甲寅癸在兌。

昂按辛丑日丙申時。夏至中元。當陰遁三局。甲子戊當三宮震位。六乙日奇與木星天輔當四宮巽位。六丙月奇與土星天禽當五宮。寄二宮坤中。六丁星奇與金星天心當六宮乾位。三四五六等卦宮。由甲子旬頭順布三奇也。六儀逢戊。歸到旬頭甲子。六甲各隱於六儀之下。第一旬頭甲子戊當三宮震位。第二旬頭甲戌己當二宮坤位。第三旬頭甲申庚當一宮坎位。第四旬頭甲午辛當九宮離位。第五旬頭甲辰壬當八宮艮位。第六旬頭甲寅癸當七宮兌位。此三二一九八七等卦宮逆布六儀也。

原用丙申時。甲午旬管下。甲午同辛在離。以離下英星爲直符。昂按下字當作上 丙申時于泊中寄坤。昂按中字當在坤字下 乃移天盤英星加地盤坤上。禽丙奇到兌。火入金鄉。不吉。心丁奇到坎。火入水地。不吉。輔乙奇到離。玉兔當陽吉。

昂按陰遁三局甲午辛當九宮離位。火星天英在天盤上爲直符。丙申時所值之六丙月奇與土星天禽。由中央五宮寄居二宮坤位。將離宮天盤之天英移轉至地盤二宮坤位之上。則天盤之丙奇與天禽。卽由寄居之坤宮遷之七宮兌位。丁奇與天心卽由六宮乾位遷之一宮坎位。乙奇與天輔卽由四宮巽位遷之九宮離位。丙丁皆火。兌金坎水。火剋金。水剋火。皆不吉。乙奇有玉兔之象。離火陽明。故乙奇到離。稱玉兔一稱白兔當陽。

甲午旬丙申時。卽以英星爲直符。加坤逆數。甲午原在離宮。卽以景門爲直使。逆點去。甲午離。乙未艮。丙申兌。景門加兌。是也。

昂按陰遁三局。甲午在離。逆點由甲午九宮離。推及乙未八宮艮。丙申七宮兌。此逆溯九八七卦宮之次第。推天干甲乙丙地支午未申也。天盤天英由離宮移臨坤宮之上。則天盤乙奇與天輔移臨離宮。丙奇與天禽移臨兌宮。丁奇與天心移臨坎宮。再以離宮所當之景門直使。移轉至七宮兌位。景門移至兌宮。則乾宮開門卽移至艮宮矣。

辛丑日丙申時。離兌坎三宮得奇不得門。艮震巽三宮得門不得奇。此時不宜用事。凡有急事欲行。即於天門地戶天馬等吉方而出。所謂急則從神也。又依張良運算玉女反閉局行之。昂按局字當作訣必有天神護祐。事緩則從奇門吉方而行爲上。

昂按陰遁三局上盤天英移臨坤宮。則離兌坎之上盤。分得乙丙丁三奇。中盤景門移加兌宮。則傷門加離。驚門當坎。兌值景門。爲吉門被迫。傷驚兩門皆屬凶門。故謂之不得門也。景門移轉之後。開門當艮。休門當震。生門當巽。開休生三門皆爲吉門。而艮震兩宮本不得奇。巽宮地盤雖有乙奇。而上盤之乙奇移動。亦不得奇也。事急則向天門等吉方。緩則向奇門吉方。黃帝陰符經云。急從神兮緩從門。即指吉方而言。天馬見第二卷天三門地四戶注玉女反閉訣詳原書卷三昂釋要中符咒未引

推九星分野吉凶

天有八門。地有八方。加以九星。察其氣運。隨星消息。應以八方。非惟可以戡亂除暴。扶助邦國。又必先知歲丙豐儉災祥。昂按丙字當作內而可預爲備荒之計耳。嘗以本年立春過宮之日。昂按嘗字當作當布局使符用星。就九宮分野以辨吉凶。蓋太乙奇門六壬。皆同此應。故爲之三式。昂按爲字當作謂然入門各有不同。要其極至則無二理也。太乙書曰。太乙在陽宮。遼東不用兵。正以坎艮震巽爲陽宮。遼東艮地也。太乙在陰宮。蜀漢可以全身。正以離坤兌乾爲陰宮。蜀與漢正坤在西南及西方之地也。占用

九星。遁臨八方。以決善惡。隨其善惡所到之方。定人民災祥。歲時豐儉。人事得失。旱潦兵火。無不應焉。若天乙臨方。當出大魁也。

昂按水火木金土五星。除水火兩星外。木金各分爲二星。土分爲三星。計共九星。天蓬水星當北方坎水。天英火星當南方離火。木星天沖當東方震木。天輔當東南方巽木。金星天柱當西方兌金。天心當西北方乾金。土星天芮天禽分當西南方坤土二五兩宮。天任當東北方艮土。立春過宮者。謂正月立春後太陽過亥宮也。巽本陰卦。乾本陽卦。原文以巽與坎艮震爲陽宮。乾與離坤兌爲陰宮。蓋以坎在正北。主冬至。艮在東北。主立春。震在正東。主春分。巽在東南。主立夏。十一月冬至一陽生。至四月而陽盡。巽立夏當四月。故巽隸陽宮。離在正南。主夏至。坤在西南。主立秋。兌在正西。主秋分。乾在西北。主立冬。五月夏至一陰生。至十月而陰盡。乾立冬當十月。故乾隸陰宮。九星依五行而配九宮。以水星配水宮。火星配火宮。餘皆各如其行。此就未變之本根定之耳。至活盤移轉。天盤九星直符既變動。六甲旬頭。三奇六儀。隨之而轉。所當之中盤八門直使。地盤九宮卦位。皆有變易。隨其善惡。以驗吉祥凶祥。履卦上九爻所謂視履考祥是也。入門不同。極至無二。繫辭傳云。天下之動貞夫一者也。又云。天下同歸而殊塗。一致而百慮。易之道在是矣。

乾宮西北。屬周秦之分。在天文至胃初度隸焉。昂按至字上有脫文坎位北方。應冀州晉魏之分。在天文觜至井十二度隸焉。艮宮東北。應兗州韓鄭之分。在天文角亢之南軫宿之北隸焉。震位東方。屬齊國之分。在天文氐四至尾初度隸焉。巽居東南。應荊州之分。在天文井鬼之翌軫之初隸焉。昂按翌字上有脫文翌字當作翼離居南位。應揚州吳越之分。在天文南斗牛女隸焉。坤居西南。應益州之分。在天文觜參初度隸焉。兌位正西。應梁州衞國之分。在天文牛西室三度隸焉。中宮應蔡宋之分。在天文氐心西隸焉。寄遁坤宮北辰斗柄之間。

昂按卦宮星次。乾宮西北。戌降婁。亥諏訾。坎宮正北。子玄枵。艮宮東北。丑星紀。寅析木。震宮正東。卯大火。巽宮東南。辰壽星。巳鶉尾。離宮正南。午鶉火。坤宮西南。未鶉首。申實沈。兌宮正西。酉大梁。斗建左旋。而星躔右繞。北方七宿爲斗牛女虛危室壁。西方七宿爲奎婁胃昴畢觜參。南方七宿爲井鬼柳星張翼軫。東方七宿爲角亢氐房心尾箕。原文分野。淮南子天文訓史記天官書有不同處。度數之起訖亦異。

奇遁布局法

夫遁甲之法。三重象三才。上層象天。列九星。中層象人。開八門。下層象地。列八卦九宮。天蓬及休門與坎一宮相對。三才定位也。乙丙丁。三奇也。乙爲日奇。丙爲月奇。丁爲星奇。戊己庚

辛壬癸。六儀也。一局六十時。六甲周流。而甲子常同六戊。甲戌常同六己。甲申常同六庚。甲午常同六辛。甲辰常同六壬。甲寅常同六癸。甲雖不用。而六甲爲天乙之貴神。常隱於六儀之下爲直符。其發用實在此。故謂之遁。此大衍虛一太玄虛三之義也。蓬任衝輔禽英芮柱心。九星也。號爲直符。休生傷杜景死驚開。八門也。遞爲直使。二十四氣直於八卦。（昂按直字當從今文作值）坎則冬至小寒大寒。艮則立春雨水驚蟄。震開春分清明穀雨。（昂按開字當作則）巽則立夏小滿芒種。離則夏至小暑大暑。坤則立秋處暑白露。兌則秋分寒露霜降。乾則立冬小雪大雪。四時分至及四立爲八節。得八卦旺氣。故爲初中末三氣。從之以分天地人元。又間六宮而行。各爲中下元也。

昂按遁中中央。直符螣蛇（螣一作呈）太陰六合句陳（該括白虎）朱雀（該括玄武）九地九天諸神。隨活局轉移。硬局直符必臨甲子。他神所值無常。天地人三盤。上盤水星天蓬。土星天任天芮天禽。木星天衝（一作沖）天輔。火星天英。金星天柱天心。中盤休景生開四吉門。傷驚杜死四凶門。下盤九宮八卦。五宮寄二宮中。日奇六乙。月奇六丙。星奇六丁。六儀戊己庚辛壬癸。六甲旬頭隱於其下。甲子戊。甲戌己。甲申庚。甲午辛。甲辰壬。甲寅癸。分配天地兩盤。周流移轉。中盤八門直使亦變動不居。五日爲一局。每日十二時。故一局六十時。上中下三元皆然。一歲四節二十四氣。坎震離兌爲方伯卦。坎主冬至迄驚蟄。震主春分迄芒種。離主夏至迄白露。兌主秋分迄大雪。坎離主二至。震

兌主二分。四立則分布四卦之中。原文以艮主立春。巽主立夏。坤主立秋。乾主立冬。則以八卦分値四時。每兩卦配一時。每一卦當三節也。每年二至二分與四立爲八節。每節有初中末三氣。以八乘三。爲二十四節。二十四節氣候。每節分初中末三候。依每月分配五卦六日七分計算。以日之成數言之。間六日而行。遁甲每候五日。前五日爲初候。中五日爲次候。後五日爲末候。以上中下三元而論。間六宮而行。例如冬至節氣上元在陽遁一局。中元在陽遁七局。一局進至七局。相距爲六。夏至節氣上元在陰遁九局。中元在陰遁三局。九局退至三局。相距亦爲六。冬至下元在陽遁四局。夏至下元在陰遁六局。各以中元局數計之。則相距皆占六之半數。說詳第四卷二十四氣三元分布昂按語中

冬至後十二氣爲陽遁。皆順行。夏至後十二氣爲陰遁。皆逆行。二遁各占四卦。爲節氣之中各六。諸氣一周八卦。歲事備矣。此以月取之也。五日爲一候。故遁法遇甲己易一局。蓋自甲子至戊辰。五日六十時足。爲上局。己巳至癸酉。又五日六十時足。爲中局。甲戌至戊寅。又五日六十時足。爲下局。三局。三才之道也。餘如之。由是甲己加四仲皆爲中。加四季皆爲下。三局四之。而六十甲子備矣。上局則起上元。中局則起中元。下局則起下元。不易之法也。故凡日雖以氣候相推。至三元先後不同。三元始終。日有多少。在經有超辰接氣拆局補局之法。超接不及而閏生焉。因日定

局。因局起元。終不可易。此以日取之也。凡選時先分二遁。次定三局。方起三元。蓋先看其日在何節氣內。合爲某遁。次看其日在何甲己內。合爲某局。于是本局起遁。冬至後爲陽遁。順布六儀。逆布三奇。夏至後爲陰遁。逆布六儀。順布三奇。其法自甲至癸。十干常以序行。如局逆順。前人俱先布三奇。後布六儀。今皆反之。因指六甲爲六儀。而布局及布三奇。並以丁丙乙爲序。皆捷法也。布五宮則寄坤土。此土長生於申之說也。

昂按自冬至迄芒種十二氣爲陽遁順行。夏至迄大雪十二氣爲陰遁逆行。陽遁十二氣占坎艮震巽四卦。陰遁十二氣占離坤兌乾四卦。冬至夏至各得節氣之中。每間一節皆然。故二遁各得十二氣。爲節氣之中各六也。合之爲二十四氣。八卦相循。而一周歲矣。五日爲一候。即成一局。從甲子順推。首五日爲上局。次五日爲中局。又次五日爲下局。依次推演。每日十二時。五日六十時。甲己當四孟爲上元。當四仲爲中元。當四季爲下元。上中下三局。以四乘之。歷六十日。凡七百二十時。自甲子日迄癸亥日。六十甲子周矣。上中下三元。緣局之上中下而起。分遁定局起元。法不可易。超辰接氣諸法詳首卷。陰陽二遁六儀三奇順逆布置法詳第四卷。

此寄宮終非正位。故遇直符直使在五。則皆詭避五於本時之下。恐人誤用之也。

昂按五宮本以中央土爲正位。以土長生在二宮坤方申位。寄五於二。變爲偏位。故遇九星直符八

門直使。用之多不宜。

九宮巳布。方點出其時。旬頭之甲在何宮。以其星爲直符。以其門爲直使。然後以加臨法用之。尋本時支落處。加以直使。尋本時干落處。加以直符。加臨巳。乃視其時課大綱。作方命位。得合開休生二門（昂按二當作三）井天上三奇。主大吉。方可用事。縱遇太歲金神等煞。亦無害。凡遇寄宮。終非正位。雖得奇。亦不宜用事。諸事乘三吉而避五凶。直前無懼。但於符應不可不詳究也。

昂按九星直符加時干。八開直使加時宮。旬頭六甲。各首時宮。例如甲子在第一時宮。天蓬爲直符。休門爲直使。甲卽時干落處。子卽時支落處。活局變動周流。推遷尋求。加臨如法。六甲隱於六儀。合天上三奇尤吉。中盤開休生景四門皆爲吉門。（景門臨七宮亦爲吉門被迫見第二卷門迫宮迫）原文但舉開休生三門而不取景門。對乙丙丁三奇而言。黃帝陰符經云。三奇倘合開休生。便是吉門利出行。是也。其所謂諸事乘三吉而避五凶者。指乘天盤乙丙丁三奇。而避寄居二宮坤方之五宮。非於開休生景傷杜死驚八門中辨其吉凶也。

遁甲釋要卷四

南通徐　昂著

拙著是卷以遁甲演義原書陰陽兩遁直符加時干直使加時宮表與各局圖分列於前。然後爲之詮釋。表中干支卦宮數目。圖中八神六甲九星八門干支卦宮三奇六儀二十四氣三元。皆辨其順逆。究其變化。並爲表以明之。九星之表二。三奇六儀之表各三。節氣之表二。

陰陽二遁十八局圖表

說明　遁局圓圖以排印不便。易圖爲表。變圓爲方。圓圖上盤卽天盤。分配九星三奇六儀。如陽遁一局圖坎宮上盤配天蓬甲子戊是也。中盤卽人盤。分配開休生景傷杜死驚八門直使。如陽遁一局圖坎宮中盤配休門是也。下盤卽地盤。分配卦宮。附天盤所列九星三奇六儀。如陽遁一局圖坎宮下盤配卦名宮數。附甲子戊與天蓬是也。天盤之上分配直符八神。此卽神盤。如陽遁一局圖坎宮最上層配直符是也。陰陽二遁皆可類推。八卦方位系九宮之數。由北方一宮坎卦左旋。初轉至東北方八宮艮卦。再轉至正東方三宮震卦。又轉至東南方四宮巽卦。更轉至正南方九宮離卦。以是轉至西南方二宮坤卦。再轉至正西方七宮兌卦。最後轉至西北方六宮乾卦。八神三奇六儀皆隨之運轉。至於卦宮與八門九星。皆不變動。此指硬局而言。若活局旋轉。則諸盤錯綜。變化益矣。拙著既將圓圖改爲方表。以坎宮居首。依次而艮而震而巽而離而坤而兌以迄於乾。一如圓圖次第。形雖方而道則圓。終而復始。循環不息。是在學者自悟。惟視之活局。不如其簡便耳。

直符加時干　直使加時宮

天蓬	甲子 一一	乙丑 九二	丙寅 八三	丁卯 七四	戊辰 一五	己巳 二六	庚午 三七	辛未 四八	壬申 五九	癸酉 六一	休
天芮	甲戌 二二	乙亥 九三	丙子 八四	丁丑 七五	戊寅 一六	己卯 二七	庚辰 三八	辛巳 四九	壬午 五一	癸未 六二	死
天衝	甲申 三三	乙酉 九四	丙戌 八五	丁亥 七六	戊子 一七	己丑 二八	庚寅 三九	辛卯 四一	壬辰 五二	癸巳 六三	傷
天輔	甲午 四四	乙未 九五	丙申 八六	丁酉 七七	戊戌 一八	己亥 二九	庚子 三一	辛丑 四二	壬寅 五三	癸卯 六四	杜
天禽	甲辰 五五	乙巳 九六	丙午 八七	丁未 七八	戊申 一九	己酉 二一	庚戌 三二	辛亥 四三	壬子 五四	癸丑 六五	死
天心	甲寅 六六	乙卯 九七	丙辰 八八	丁巳 七九	戊午 一一	己未 二二	庚申 三三	辛酉 四四	壬戌 五五	癸亥 六六	開

順布六儀逆布三奇

陽遁第一局

冬至上 驚蟄上 清明中 立夏中

甲己日甲子時定局

昂按原書震三宮天沖二字誤作火今正

神盤	天盤	人盤	地盤
直符	蓬甲子戊	休	坎一甲子戊天蓬
呈蛇	任丙奇	生	艮八丙奇天任
太陰	沖甲申庚	傷	震三甲申庚天沖
六合	輔甲午辛	杜	巽四甲午辛天輔
句陳	英乙奇	景	離九乙奇天英
朱雀	芮甲戌己 禽甲辰壬	死	坤二甲戌己芮 甲辰壬禽
九地	柱丁奇	驚	兌七丁奇天柱
九天	心甲寅癸	開	乾六甲寅癸天心

直符加時干　直使加時宮											
天芮	甲子 二二	乙丑 一三	丙寅 九四	丁卯 八五	戊辰 二六	己巳 三七	庚午 四八	辛未 五九	壬申 六一	癸酉 七二	死
天衝	甲戌 三三	乙亥 一四	丙子 九五	丁丑 八六	戊寅 二七	己卯 三八	庚辰 四九	辛巳 五一	壬午 六二	癸未 七三	傷
天輔	甲申 四四	乙酉 一五	丙戌 九六	丁亥 八七	戊子 二八	己丑 三九	庚寅 四一	辛卯 五二	壬辰 六三	癸巳 七四	杜
天禽	甲午 五五	乙未 一六	丙申 九七	丁酉 八八	戊戌 二九	己亥 三一	庚子 四二	辛丑 五三	壬寅 六四	癸卯 七五	死
天心	甲辰 六六	乙巳 一七	丙午 九八	丁未 八九	戊申 二一	己酉 三二	庚戌 四三	辛亥 五四	壬子 六五	癸丑 七六	開
天柱	甲寅 七七	乙卯 一八	丙辰 九九	丁巳 八一	戊午 二二	己未 三三	庚申 四四	辛酉 五五	壬戌 六六	癸亥 七七	驚

順布六儀逆布三奇

陽遁第二局

小寒上　立春下　穀雨中　小滿中

甲己日甲子時定局

神盤	天盤	人盤	地盤
六合	蓬乙奇	休	坎一乙奇天蓬
句陳	任丁奇	生	艮八丁奇天任
朱雀	沖甲戌己	傷	震三甲戌己天沖
九地	輔甲申庚	杜	巽四甲申庚天輔
九天	英丙奇	景	離九丙奇天英
直符	芮甲子戊 禽甲午辛	死	坤二甲子戊芮 甲午辛禽
螣蛇	柱甲寅癸	驚	兌七甲寅癸天柱
太陰	心甲辰壬	開	乾六甲辰壬天心

直符加時干 直使加時宮

	天衝	天輔	天禽	天心	天柱	天任
直符加時干 直使加時宮	甲子 三三	甲戌 四四	甲申 五五	甲午 六六	甲辰 七七	甲寅 八八
	乙丑 二四	乙亥 二五	乙酉 二六	乙未 二七	乙巳 二八	乙卯 二九
	丙寅 一五	丙子 一六	丙戌 一七	丙申 一八	丙午 一九	丙辰 一一
	丁卯 九六	丁丑 九七	丁亥 九八	丁酉 九九	丁未 九一	丁巳 九二
	戊辰 三七	戊寅 三八	戊子 三九	戊戌 三一	戊申 三二	戊午 三三
	己巳 四八	己卯 四九	己丑 四一	己亥 四二	己酉 四三	己未 四四
	庚午 五九	庚辰 五一	庚寅 五二	庚子 五三	庚戌 五四	庚申 五五
	辛未 六一	辛巳 六二	辛卯 六三	辛丑 六四	辛亥 六五	辛酉 六六
	壬申 七二	壬午 七三	壬辰 七四	壬寅 七五	壬子 七六	壬戌 七七
	癸酉 八三	癸未 八四	癸巳 八五	癸卯 八六	癸丑 八七	癸亥 八八
	傷	杜	死	開	驚	生

順布六儀逆布三奇

陽遁第三局

大寒上　雨水下　春分上　芒種中

甲己日甲子時定局

昂按原書「春分上」誤列「雨水下」之前巽四宮天輔之輔字誤作柱離九宮天英之英字誤作景今皆正

神盤	天盤	人盤	地盤
九地	蓬丙奇	休	坎一丙奇天蓬
九天	任甲寅癸	生	艮八甲寅癸天任
直符	沖甲子戊	傷	震三甲子戊天沖
螣蛇	輔甲戌己	杜	巽四甲戌己天輔
太陰	英丁奇	景	離九丁奇天英
六合	芮乙奇 禽甲申庚	死	坤二乙奇芮 甲申庚禽
句陳	柱甲辰壬	驚	兌七甲辰壬天柱
朱雀	心甲午辛	開	乾六甲午辛天心

直符加時干直使加時宮

天輔	甲子 四四	乙丑 三五	丙寅 二六	丁卯 一七	戊辰 四八	己巳 五九	庚午 六一	辛未 七二	壬申 八三	癸酉 九四	杜
天禽	甲戌 五五	乙亥 三六	丙子 二七	丁丑 一八	戊寅 四九	己卯 五一	庚辰 六二	辛巳 七三	壬午 八四	癸未 九五	死
天心	甲申 六六	乙酉 三七	丙戌 二八	丁亥 一九	戊子 四一	己丑 五二	庚寅 六三	辛卯 七四	壬辰 八五	癸巳 九六	開
天柱	甲午 七七	乙未 三八	丙申 二九	丁酉 一一	戊戌 四二	己亥 五三	庚子 六四	辛丑 七五	壬寅 八六	癸卯 九七	驚
天任	甲辰 八八	乙巳 三九	丙午 二一	丁未 一二	戊申 四三	己酉 五四	庚戌 六五	辛亥 七六	壬子 八七	癸丑 九八	生
天英	甲寅 九九	乙卯 三一	丙辰 二二	丁巳 一三	戊午 四四	己未 五五	庚申 六六	辛酉 七七	壬戌 八八	癸亥 九九	景

順布六儀逆布三奇

陽遁第四局

冬至下 驚蟄下 清明上 立夏上

甲己日甲子時定局

神盤	天盤	人盤	地盤
朱雀	蓬丁奇	休	坎一丁奇天蓬
九地	任甲辰壬	生	艮八甲辰壬天任
九天	沖乙奇	傷	震三乙奇天沖
直符	輔甲子戊	杜	巽四甲子戊天輔
螣蛇	英甲寅癸	景	離九甲寅癸天英
太陰	芮丙奇 禽甲戌己	死	坤二丙奇天芮 甲戌己天禽
六合	柱甲午辛	驚	兌七甲午辛天柱
句陳	心甲申庚	開	乾六甲申庚天心

直符加時干　直使加時宮

直符	甲	乙	丙	丁	戊	己	庚	辛	壬	癸	直使
天禽	甲子 五五	乙丑 四六	丙寅 三七	丁卯 二八	戊辰 五九	己巳 六一	庚午 七二	辛未 八三	壬申 九四	癸酉 一五	死
天心	甲戌 六六	乙亥 四七	丙子 三八	丁丑 二九	戊寅 五一	己卯 六二	庚辰 七三	辛巳 八四	壬午 九五	癸未 一六	開
天柱	甲申 七七	乙酉 四八	丙戌 三九	丁亥 二一	戊子 五二	己丑 六三	庚寅 七四	辛卯 八五	壬辰 九六	癸巳 一七	驚
天任	甲午 八八	乙未 四九	丙申 三一	丁酉 二二	戊戌 五三	己亥 六四	庚子 七五	辛丑 八六	壬寅 九七	癸卯 一八	生
天英	甲辰 九九	乙巳 四一	丙午 三二	丁未 二三	戊申 五四	己酉 六五	庚戌 七六	辛亥 八七	壬子 九八	癸丑 一九	景
天蓬	甲寅 一一	乙卯 四二	丙辰 三三	丁巳 二四	戊午 五五	己未 六六	庚申 七七	辛酉 八八	壬戌 九九	癸亥 一一	休

順布六儀逆布三奇

陽遁第五局

小寒下　立春中　穀雨上　小滿上

甲己日甲子時定局

神盤	天盤	人盤	地盤
六合	蓬甲寅癸	休	坎一甲寅癸天蓬
句陳	任甲午辛	生	艮八甲午辛天任
朱雀	沖丙奇	傷	震三丙奇天沖
九地	輔乙奇	杜	巽四乙奇天輔
九天	英甲辰壬	景	離九甲辰壬天英
直符	芮丁奇 禽甲子戊	死	坤二丁奇芮 甲子戊禽
螣蛇	柱甲申庚	驚	兌七甲申庚天柱
太陰	心甲戌己	開	乾六甲戌己天心

直符加時干直使加時宮

天心	甲子 六六	乙丑 五七	丙寅 四八	丁卯 三九	戊辰 六一	己巳 七二	庚午 八三	辛未 九四	壬申 一五	癸酉 二六	開
天柱	甲戌 七七	乙亥 五八	丙子 四九	丁丑 三一	戊寅 六二	己卯 七三	庚辰 八四	辛巳 九五	壬午 一六	癸未 二七	驚
天任	甲申 八八	乙酉 五九	丙戌 四一	丁亥 三二	戊子 六三	己丑 七四	庚寅 八五	辛卯 九六	壬辰 一七	癸巳 二八	生
天英	甲午 九九	乙未 五一	丙申 四二	丁酉 三三	戊戌 六四	己亥 七五	庚子 八六	辛丑 九七	壬寅 一八	癸卯 二九	景
天蓬	甲辰 一一	乙巳 五二	丙午 四三	丁未 三四	戊申 六五	己酉 七六	庚戌 八七	辛亥 九八	壬子 一九	癸丑 二一	休
天芮	甲寅 二二	乙卯 五三	丙辰 四四	丁巳 三五	戊午 六六	己未 七七	庚申 八八	辛酉 九九	壬戌 一一	癸亥 二二	死

順布六儀逆布三奇

陽遁第六局

大寒下　雨水中　春分下　芒種上

甲己日甲子時定局

神盤	天盤	人盤	地盤
螣蛇	蓬甲辰壬	休	坎一甲辰壬天蓬
太陰	任甲申庚	生	艮八甲申庚天任
六合	沖丁奇	傷	震三丁奇天沖
句陳	輔丙奇	杜	巽四丙奇天輔
朱雀	英甲午辛	景	離九甲午辛天英
九地	芮甲寅癸 禽乙奇	死	坤二甲寅癸芮 乙奇天禽
九天	柱甲戌己	驚	兌七甲戌己天柱
直符	心甲子戊	開	乾六甲子戊天心

直符加時干直使加時宮

天柱	甲子	乙丑	丙寅	丁卯	戊辰	己巳	庚午	辛未	壬申	癸酉	驚
	七七	六八	五九	四一	七二	八三	九四	一五	二六	三七	
天任	甲戌	乙亥	丙子	丁丑	戊寅	己卯	庚辰	辛巳	壬午	癸未	生
	八八	六九	五一	四二	七三	八四	九五	一六	二七	三八	
天英	甲申	乙酉	丙戌	丁亥	戊子	己丑	庚寅	辛卯	壬辰	癸巳	景
	九九	六一	五二	四三	七四	八五	九六	一七	二八	三九	
天蓬	甲午	乙未	丙申	丁酉	戊戌	己亥	庚子	辛丑	壬寅	癸卯	休
	一一	六二	五三	四四	七五	八六	九七	一八	二九	三一	
天芮	甲辰	乙巳	丙午	丁未	戊申	己酉	庚戌	辛亥	壬子	癸丑	死
	二二	六三	五四	四五	七六	八七	九八	一九	二一	三二	
天衝	甲寅	乙卯	丙辰	丁巳	戊午	己未	庚申	辛酉	壬戌	癸亥	傷
	三三	六四	五五	四六	七七	八八	九九	一一	二二	三三	

順布六儀逆布三奇

昂按右表原書甲寅三三誤作二三今正

陽遁第七局

冬至中　驚蟄中　清明下　立夏下

甲己日甲子時定局

昂按陽遁一局圖至七局圖甲戊之戊字皆誤作戊今正

神盤	天盤	人盤	地盤
太陰	蓬甲午辛	休	坎一甲午辛天蓬
六合	任甲戌己	生	艮八甲戌己天任
句陳	沖甲寅癸	傷	震三甲寅癸天沖
朱雀	輔丁奇	杜	巽四丁奇天輔
九地	英甲申庚	景	離九甲申庚天英
九天	芮甲辰壬 禽丙奇	死	坤二甲辰壬丙奇天芮天禽
直符	柱甲子戊	驚	兌七甲子戊天柱
螣蛇	心乙奇	開	乾六乙奇天心

直符加時干直使加時宮

天任	甲子 八八	乙丑 七九	丙寅 六一	丁卯 五二	戊辰 八三	己巳 九四	庚午 一五	辛未 二六	壬申 三七	癸酉 四八	生
天英	甲戌 九九	乙亥 七一	丙子 六二	丁丑 五三	戊寅 八四	己卯 九五	庚辰 一六	辛巳 二七	壬午 三八	癸未 四九	景
天蓬	甲申 一一	乙酉 七二	丙戌 六三	丁亥 五四	戊子 八五	己丑 九六	庚寅 一七	辛卯 二八	壬辰 三九	癸巳 四一	休
天芮	甲午 二二	乙未 七三	丙申 六四	丁酉 五五	戊戌 八六	己亥 九七	庚子 一八	辛丑 二九	壬寅 三一	癸卯 四二	死
天衝	甲辰 三三	乙巳 七四	丙午 六五	丁未 五六	戊申 八七	己酉 九八	庚戌 一九	辛亥 二一	壬子 三二	癸丑 四三	傷
天輔	甲寅 四四	乙卯 七五	丙辰 六六	丁巳 五七	戊午 八八	己未 九九	庚申 一一	辛酉 二二	壬戌 三三	癸亥 四四	杜

順布六儀逆布三奇

陽遁第八局

小寒中　立春上　穀雨下　小滿下

甲己日甲子時定局

神盤	天盤	人盤	地盤
九天	蓬甲申庚	休	坎一甲申庚天蓬
直符	任甲子戊	生	艮八甲子戊天任
螣蛇	沖甲辰壬	傷	震三甲辰壬天沖
太陰	輔甲寅癸	杜	巽四甲寅癸天輔
六合	英甲戌己	景	離九甲戌己天英
句陳	芮甲午辛 禽丁奇	死	坤二甲午辛芮 丁奇天禽
朱雀	柱乙奇	驚	兌七乙奇天柱
九地	心丙奇	開	乾六丙奇天心

直符加時干　直使加時宮

天英	甲子 九九	乙丑 八一	丙寅 七二	丁卯 六三	戊辰 九四	己巳 一五	庚午 二六	辛未 三七	壬申 四八	癸酉 五九	景
天蓬	甲戌 一一	乙亥 八二	丙子 七三	丁丑 六四	戊寅 九五	己卯 一六	庚辰 二七	辛巳 三八	壬午 四九	癸未 五一	休
天芮	甲申 二二	乙酉 八三	丙戌 七四	丁亥 六五	戊子 九六	己丑 一七	庚寅 二八	辛卯 三九	壬辰 四一	癸巳 五二	死
天衝	甲午 三三	乙未 八四	丙申 七五	丁酉 六六	戊戌 九七	己亥 一八	庚子 二九	辛丑 三一	壬寅 四二	癸卯 五三	傷
天輔	甲辰 四四	乙巳 八五	丙午 七六	丁未 六七	戊申 九八	己酉 一九	庚戌 二一	辛亥 三二	壬子 四三	癸丑 五四	杜
天禽	甲寅 五五	乙卯 八六	丙辰 七七	丁巳 六八	戊午 九九	己未 一一	庚申 二二	辛酉 三三	壬戌 四四	癸亥 五五	死

順布六儀逆布三奇

昂按右表原書戊子之戊字誤作戊今正

陽遁第九局

大寒中　雨水上　春分中　芒種下

甲己日甲子時定局

昂按原書坤二宮地盤甲申庚誤作甲辰壬今正

神盤	天盤	人盤	地盤
句陳	蓬甲戌己	休	坎一甲戌己天蓬
朱雀	任乙奇	生	艮八乙奇天任
九地	沖甲午辛	傷	震三甲午辛天沖
九天	輔甲辰壬	杜	巽四甲辰壬天輔
直符	英甲子戊	景	離九甲子戊天英
螣蛇	芮甲申庚 禽甲寅癸	死	坤二甲申庚芮 甲寅癸禽
太陰	柱丙奇	驚	兌七丙奇天柱
六合	心丁奇	開	乾六丁奇天心

直符加時干　直使加時宮

天英	甲子 九九	乙丑 一八	丙寅 二七	丁卯 三六	戊辰 九五	己巳 八四	庚午 七三	辛未 六二	壬申 五一	癸酉 四九	景
天任	甲戌 八八	乙亥 一七	丙子 二六	丁丑 三五	戊寅 九四	己卯 八三	庚辰 七二	辛巳 六一	壬午 五九	癸未 四八	生
天柱	甲申 七七	乙酉 一六	丙戌 二五	丁亥 三四	戊子 九三	己丑 八二	庚寅 七一	辛卯 六九	壬辰 五八	癸巳 四七	驚
天心	甲午 六六	乙未 一五	丙申 二四	丁酉 三三	戊戌 九二	己亥 八一	庚子 七九	辛丑 六八	壬寅 五七	癸卯 四六	開
天禽	甲辰 五五	乙巳 一四	丙午 二三	丁未 三二	戊申 九一	己酉 八九	庚戌 七八	辛亥 六七	壬子 五六	癸丑 四五	死
天輔	甲寅 四四	乙卯 一三	丙辰 二二	丁巳 三一	戊午 九九	己未 八八	庚申 七七	辛酉 六六	壬戌 五五	癸亥 四四	杜

逆布六儀　順布三奇

昂按右表原書辛未六二誤作六一今正

陰遁第九局

夏至上　白露上　寒露中　立冬中

甲己日甲子時定局

神盤	天盤	人盤	地盤
句陳	蓬乙奇	休	坎一乙奇天蓬
六合	任甲戌己	生	艮八甲戌己天任
太陰	沖丁奇	傷	震三丁奇天沖
螣蛇	輔甲寅癸	杜	巽四甲寅癸天輔
直符	英甲子戊	景	離九甲子戊天英
九天	芮丙奇 禽甲辰壬	死	坤二丙奇芮二 甲辰壬禽
九地	柱甲申庚	驚	兌七甲申庚天柱
朱雀	心甲午辛	開	乾六甲午辛天心

直符加時干　直使加時宮

天任	甲子八八	乙丑九七	丙寅一六	丁卯二五	戊辰八四	己巳七三	庚午六二	辛未五一	壬申四九	癸酉三八	生
天柱	甲戌七七	乙亥九六	丙子一五	丁丑二四	戊寅八三	己卯七二	庚辰六一	辛巳五九	壬午四八	癸未三七	驚
天心	甲申六六	乙酉九五	丙戌一四	丁亥二三	戊子八二	己丑七一	庚寅六九	辛卯五八	壬辰四七	癸巳三六	開
天禽	甲午五五	乙未九四	丙申一三	丁酉二二	戊戌八一	己亥七九	庚子六八	辛丑五七	壬寅四六	癸卯三五	死
天輔	甲辰四四	乙巳九三	丙午一二	丁未二一	戊申八九	己酉七八	庚戌六七	辛亥五六	壬子四五	癸丑三四	杜
天衝	甲寅三三	乙卯九二	丙辰一一	丁巳二九	戊午八八	己未七七	庚申六六	辛酉五五	壬戌四四	癸亥三三	傷

逆布六儀　順布三奇

陰遁第八局

小暑上　立秋下　霜降中　小雪中

甲己日甲子時定局

神盤	天盤	人盤	地盤
呈蛇	蓬丙奇	休	坎一丙奇天蓬
直符	任甲子戊	生	艮八甲子戊天任
九天	沖甲寅癸	傷	震三甲寅癸天沖
九地	輔甲辰壬	杜	巽四甲辰壬天輔
朱雀	英乙奇	景	離九乙奇天英
句陳	芮丁奇 禽甲午辛	死	坤二丁奇芮 甲午辛禽
六合	柱甲戌己	驚	兌七甲戌己天柱
太陰	心甲申庚	開	乾六甲申庚天心

直符加時干直使加時宮

天柱	天心	天禽	天衝	天輔	天芮
甲子 七七	甲戌 六六	甲申 五五	甲午 四四	甲辰 三三	甲寅 二二
乙丑 八六	乙亥 八五	乙酉 八四	乙未 八三	乙巳 八二	乙卯 八一
丙寅 九五	丙子 九四	丙戌 九三	丙申 九二	丙午 九一	丙辰 九九
丁卯 一四	丁丑 一三	丁亥 一二	丁酉 一一	丁未 一九	丁巳 一八
戊辰 七三	戊寅 七二	戊子 七一	戊戌 七九	戊申 七八	戊午 七七
己巳 六二	己卯 六一	己丑 六九	己亥 六八	己酉 六七	己未 六六
庚午 五一	庚辰 五九	庚寅 五八	庚子 五七	庚戌 五六	庚申 五五
辛未 四九	辛巳 四八	辛卯 四七	辛丑 四六	辛亥 四五	辛酉 四四
壬申 三八	壬午 三七	壬辰 三六	壬寅 三五	壬子 三四	壬戌 三三
癸酉 二七	癸未 二六	癸巳 二五	癸卯 二四	癸丑 二三	癸亥 二二
驚	開	死	杜	傷	死

逆布六儀順布三奇

陰遁第七局

大暑上　處暑下　秋分上　大雪中

甲己日甲子時定局

神盤	天盤	人盤	地盤
九地	蓬丁奇	休	坎一丁奇天蓬
朱雀	任乙奇	生	艮八乙奇天任
句陳	沖甲辰壬	傷	震三甲辰壬天沖
六合	輔甲午辛	杜	巽四甲午辛天輔
太陰	英丙奇	景	離九丙奇天英
呈蛇	芮甲寅癸 禽甲申庚	死	坤二甲寅癸芮 甲申庚禽
直符	柱甲子戊	驚	兌七甲子戊天柱
九天	心甲戌己	開	乾六甲戌己天心

直符加時干　直使加時宮

直符	甲	乙	丙	丁	戊	己	庚	辛	壬	癸	直使
天心	甲子 六六	乙丑 七五	丙寅 八四	丁卯 九三	戊辰 六二	己巳 五一	庚午 四九	辛未 三八	壬申 二七	癸酉 一六	開
天禽	甲戌 五五	乙亥 七四	丙子 八三	丁丑 九二	戊寅 六一	己卯 五九	庚辰 四八	辛巳 三七	壬午 二六	癸未 一五	死
天輔	甲申 四四	乙酉 七三	丙戌 八二	丁亥 九一	戊子 六九	己丑 五八	庚寅 四七	辛卯 三六	壬辰 二五	癸巳 一四	杜
天衝	甲午 三三	乙未 七二	丙申 八一	丁酉 九九	戊戌 六八	己亥 五七	庚子 四六	辛丑 三五	壬寅 二四	癸卯 一三	傷
天芮	甲辰 二二	乙巳 七一	丙午 八九	丁未 九八	戊申 六七	己酉 五六	庚戌 四五	辛亥 三四	壬子 二三	癸丑 一二	死
天蓬	甲寅 一一	乙卯 七九	丙辰 八八	丁巳 九七	戊午 六六	己未 五五	庚申 四四	辛酉 三三	壬戌 二二	癸亥 一一	休

逆布六儀順布三奇

陰遁第六局

夏至下　白露下　寒露上　立冬上

甲己日甲子時定局

神盤	天盤	人盤	地盤
九天	蓬甲寅癸	休	坎一甲寅癸天蓬
九地	任丙奇	生	艮八丙奇天任
朱雀	沖甲午辛	傷	震三甲午辛天沖
句陳	輔甲申庚	杜	巽四甲申庚天輔
六合	英丁奇	景	離九丁奇天英
太陰	芮甲辰壬　禽甲戌己	死	坤二甲辰壬芮　甲戌己禽
呈蛇	柱乙奇	驚	兌七乙奇天柱
直符	心甲子戊	開	乾六甲子戊天心

直符加時干　直使加時宮

直符											直使
天禽	甲子 五五	乙丑 六四	丙寅 七三	丁卯 八二	戊辰 五一	己巳 四九	庚午 三八	辛未 二七	壬申 一六	癸酉 九五	死
天輔	甲戌 四四	乙亥 六三	丙子 七二	丁丑 八一	戊寅 五九	己卯 四八	庚辰 三七	辛巳 二六	壬午 一五	癸未 九四	杜
天衝	甲申 三三	乙酉 六二	丙戌 七一	丁亥 八九	戊子 五八	己丑 四七	庚寅 三六	辛卯 二五	壬辰 一四	癸巳 九三	傷
天芮	甲午 二二	乙未 六一	丙申 七九	丁酉 八八	戊戌 五七	己亥 四六	庚子 三五	辛丑 二四	壬寅 一三	癸卯 九二	死
天蓬	甲辰 一一	乙巳 六九	丙午 七八	丁未 八七	戊申 五六	己酉 四五	庚戌 三四	辛亥 二三	壬子 一二	癸丑 九一	休
天英	甲寅 九九	乙卯 六八	丙辰 七七	丁巳 八六	戊午 五五	己未 四四	庚申 三三	辛酉 二二	壬戌 一一	癸亥 九九	景

逆布六儀順布三奇

陰遁第五局

小暑下　立秋中　霜降上　小雪上

甲己日甲子時定局

神盤	天盤	人盤	地盤
朱雀	蓬甲辰壬	休	坎一甲辰壬天蓬
句陳	任丁奇	生	艮八丁奇天任
六合	沖甲申庚	傷	震三甲申庚天沖
太陰	輔甲戌己	杜	巽四甲戌己天輔
呈蛇	英甲寅癸	景	離九甲寅癸天英
直符	芮甲午辛 禽甲子戊	死	坤二甲午辛芮 甲子戊禽
九天	柱丙奇	驚	兌七丙奇天柱
九地	心乙奇	開	乾六乙奇天心

直符加時干　直使加時宮

星	甲	乙	丙	丁	戊	己	庚	辛	壬	癸	門
天輔	甲子 四四	乙丑 五三	丙寅 六二	丁卯 七一	戊辰 四九	己巳 三八	庚午 二七	辛未 一六	壬申 九五	癸酉 八四	杜
天衝	甲戌 三三	乙亥 五二	丙子 六一	丁丑 七九	戊寅 四八	己卯 三七	庚辰 二六	辛巳 一五	壬午 九四	癸未 八三	傷
天芮	甲申 二二	乙酉 五一	丙戌 六九	丁亥 七八	戊子 四七	己丑 三六	庚寅 二五	辛卯 一四	壬辰 九三	癸巳 八二	死
天蓬	甲午 一一	乙未 五九	丙申 六八	丁酉 七七	戊戌 四六	己亥 三五	庚子 二四	辛丑 一三	壬寅 九二	癸卯 八一	休
天英	甲辰 九九	乙巳 五八	丙午 六七	丁未 七六	戊申 四五	己酉 三四	庚戌 二三	辛亥 一二	壬子 九一	癸丑 八九	景
天任	甲寅 八八	乙卯 五七	丙辰 六六	丁巳 七五	戊午 四四	己未 三三	庚申 二二	辛酉 一一	壬戌 九九	癸亥 八八	生

逆布六儀　順布三奇

陰遁第四局

大暑下　處暑中　秋分下　大雪上

甲己日甲子時定局

神盤	天盤	人盤	地盤
六合	蓬甲午辛	休	坎一甲午辛天蓬
太陰	任甲寅癸	生	艮八甲寅癸天任
螣蛇	沖甲戌己	傷	震三甲戌己天沖
直符	輔甲子戊	杜	巽四甲子戊天輔
九天	英甲辰壬	景	離九甲辰壬天英
九地	芮甲申庚 禽乙奇	死	坤二甲申庚芮 乙奇天禽
朱雀	柱丁奇	驚	兌七丁奇天柱
句陳	心丙奇	開	乾六丙奇天心

直符加時干直使加時宮

直符											直使
天衝	甲子 三三	乙丑 四二	丙寅 五一	丁卯 六九	戊辰 三八	己巳 二七	庚午 一六	辛未 九五	壬申 八四	癸酉 七三	傷
天芮	甲戌 二二	乙亥 四一	丙子 五九	丁丑 六八	戊寅 三七	己卯 二六	庚辰 一五	辛巳 九四	壬午 八三	癸未 七二	死
天蓬	甲申 一一	乙酉 四九	丙戌 五八	丁亥 六七	戊子 三六	己丑 二五	庚寅 一四	辛卯 九三	壬辰 八二	癸巳 七一	休
天英	甲午 九九	乙未 四八	丙申 五七	丁酉 六六	戊戌 三五	己亥 二四	庚子 一三	辛丑 九二	壬寅 八一	癸卯 七九	景
天任	甲辰 八八	乙巳 四七	丙午 五六	丁未 六五	戊申 三四	己酉 二三	庚戌 一二	辛亥 九一	壬子 八九	癸丑 七八	生
天柱	甲寅 七七	乙卯 四六	丙辰 五五	丁巳 六四	戊午 三三	己未 二二	庚申 一一	辛酉 九九	壬戌 八八	癸亥 七七	驚

逆布六儀順布三奇

陰遁第三局

夏至中　白露中　寒露下　立冬下

甲己日甲子時定局

神盤	太陰	呈蛇	值符	九天	九地	朱雀	句陳	六合
天盤	蓬甲申庚	任甲辰壬	沖甲子戊	輔乙奇	英甲午辛	芮甲戌己 禽丙奇	柱甲寅癸	心丁奇
人盤	休	生	傷	杜	景	死	驚	開
地盤	坎一甲申庚天蓬	艮八甲辰壬天任	震三甲子戊天沖	巽四乙奇天輔	離九甲午辛天英	坤二甲戌己芮 丙奇天禽	兌七甲寅癸天柱	乾六丁奇天心

直符加時干直使加時宮

天芮	甲子 二二	乙丑 三一	丙寅 四九	丁卯 五八	戊辰 二七	己巳 一六	庚午 九五	辛未 八四	壬申 七三	癸酉 六二	死
天蓬	甲戌 一一	乙亥 三九	丙子 四八	丁丑 五七	戊寅 二六	己卯 一五	庚辰 九四	辛巳 八三	壬午 七二	癸未 六一	休
天英	甲申 九九	乙酉 三八	丙戌 四七	丁亥 五六	戊子 二五	己丑 一四	庚寅 九三	辛卯 八二	壬辰 七一	癸巳 六九	景
天任	甲午 八八	乙未 三七	丙申 四六	丁酉 五五	戊戌 二四	己亥 一三	庚子 九二	辛丑 八一	壬寅 七九	癸卯 六八	生
天柱	甲辰 七七	乙巳 三六	丙午 四五	丁未 五四	戊申 二三	己酉 一二	庚戌 九一	辛亥 八九	壬子 七八	癸丑 六七	驚
天心	甲寅 六六	乙卯 三五	丙辰 四四	丁巳 五三	戊午 二二	己未 一一	庚申 九九	辛酉 八八	壬戌 七七	癸亥 六六	開

逆布六儀順布三奇

陰遁第二局

小暑中 立秋上 霜降下 小雪下

甲己日甲子時定局

神盤	天盤	人盤	地盤
朱雀	蓬甲戊己	休	坎一甲戊己天蓬
句陳	任甲午辛	生	艮八甲午辛天任
六合	沖乙奇	傷	震三乙奇天沖
太陰	輔丙奇	杜	巽四丙奇天輔
螣蛇	英甲申庚	景	離九甲申庚天英
直符	芮甲子戊 禽丁奇	死	坤二甲子戊芮 丁奇天禽
九天	柱甲辰壬	驚	兌七甲辰壬天柱
九地	心甲寅癸	開	乾六甲寅癸天心

直符加時干　直使加時宮

天蓬	甲子 一一	乙丑 二九	丙寅 三八	丁卯 四七	戊辰 一六	己巳 九五	庚午 八四	辛未 七三	壬申 六二	癸酉 五一	休
天英	甲戌 九九	乙亥 二八	丙子 三七	丁丑 四六	戊寅 一五	己卯 九四	庚辰 八三	辛巳 七二	壬午 六一	癸未 五九	景
天任	甲申 八八	乙酉 二七	丙戌 三六	丁亥 四五	戊子 一四	己丑 九三	庚寅 八二	辛卯 七一	壬辰 六九	癸巳 五八	生
天柱	甲午 七七	乙未 二六	丙申 三五	丁酉 四四	戊戌 一三	己亥 九二	庚子 八一	辛丑 七九	壬寅 六八	癸卯 五七	驚
天心	甲辰 六六	乙巳 二五	丙午 三四	丁未 四三	戊申 一二	己酉 九一	庚戌 八九	辛亥 七八	壬子 六七	癸丑 五六	開
天禽	甲寅 五五	乙卯 二四	丙辰 三三	丁巳 四二	戊午 一一	己未 九九	庚申 八八	辛酉 七七	壬戌 六六	癸亥 五五	死

逆布六儀順布三奇

陰遁第一局

大暑中　處暑上　秋分中　大雪下

甲己日甲子時定局（昂按原書坤二宮地盤乙奇下脫芮字所寄五宮天盤甲寅下脫癸字今補）

神盤	天盤	人盤	地盤
直符	蓬甲子戊	休	坎一甲子戊天蓬
九天	任甲申庚	生	艮八甲申庚天任
九地	沖丙奇	傷	震三丙奇天沖
朱雀	輔丁奇	杜	巽四丁奇天輔
句陳	英甲戌己	景	離九甲戌己天英
六合	芮乙奇 禽甲寅癸	死	坤二乙奇芮 甲寅癸禽
太陰	柱甲午辛	驚	兌七甲午辛天柱
呈蛇	心甲辰壬	開	乾六甲辰壬天心

又按原書陰陽遁各局地盤坤宮乙丙丁三奇芮字下系「二」字今刪

陰陽兩遁圖表釋

干支卦宮記數

昂按陽遁由一局順推至九局。陰遁由九局逆溯至一局。圖前之表每一干支左旁有兩個數目字。上一字表示卦宮。下一字表示次序。陽遁一局第一表首行甲子一一。上一謂值一宮坎卦。下一示干支之序。甲子至癸酉。由一順數至九。循環爲一。次行甲戌順數爲二。第三行甲申順數爲三。以次遞進。迄第六行順數至六。而六甲旬頭盡矣。陽遁二局第二表首行甲子順數爲二。三局第三表首行甲子順數爲三。以次遞進。迄九局第九表首行甲子順推至九。而陽數終矣。陰遁九局第一表首行甲子九九。上九謂值九宮離卦。下九示干支倒推之序。甲子至癸酉。由九逆溯至一。循環爲九。次行甲戌逆數爲八。第三行甲申逆數爲七。以次遞退。迄第六行逆數至四。而六甲旬頭終止。陰遁八局第二表首行甲子逆數爲八。七局第三表首行甲子逆數爲七。以次遞退。迄一局第九表首行甲子逆溯至一。而陽數復其本矣。陰陽兩遁各局甲子所值卦宮之數。皆與局數相符也。陽遁一局表乙丙丁三奇。上一數目字。表示卦宮。由九逆數爲八爲七。二局表由一逆數爲九爲八。三局表由二逆數爲一爲九。餘表依次上溯。陰遁九局表乙丙丁三奇。上一數目字表示卦宮。由一順數爲二爲三。八局表由九迴推爲一爲二。七局表由八順推爲九。再迴爲一。餘表依次下推。此所謂陽遁

逆布三奇。陰遁順布三奇也。戊己庚辛壬癸六儀。上一數目字表示卦宮。陽遁一局表由一順數至六。二局表由二順數至七。餘表依次遞進而順推。陰遁九局表由九逆數至四。八局表由八逆數至三。餘表依次遞退而逆溯。此所謂陽遁順布六儀。陰遁逆布六儀也。黃帝陰符經云。「陰陽逆順妙難窮」。誠然。各表首行六儀之第一儀。左旁表示卦宮之數目字。與甲子同。例如陽遁一局表甲子旁爲一。六儀戊卽從一起。陰遁九局甲子旁爲九。六儀戊卽從九起。直符加時干。直使加時宮。黃帝陰符經云。星符每逐時干轉。直使常隨天乙奔。是也。各表六甲旬頭左列之數目字。卦宮與干支次序相同。陽遁一局第一表首行甲子起於一一。次行甲戌二二。第三行甲申三三。下一數目字橫列依次順推。至第六行而止。九局第九表首行甲子起於九九。次行甲戌仍迴至一一。陰遁九局第一表首行甲子起於九九。次行甲戌八八。第三行甲申七七。下一數目字。橫列依次逆溯至第六行而止。一局第九表首行甲子起於一一。次行甲戌仍迴至九九。陽遁各表三奇六儀下一數目字。皆就橫列依次順推。陰遁各表三奇六儀下一數目字。皆就橫列依次逆溯。陰陽兩遁第九表。最後甲寅旬頭皆終於五五。五五天地之數。天數五。地數五。綜天地之數。五十有五也。

直符甲子旬頭

昂接甲子旬頭。陽遁由一宮坎卦順轉至九宮離卦。陰遁由九宮離卦逆轉至一宮坎卦。與神宮直符

同例。直符多臨甲子也。五宮在洛書圖中屬中央土。遁甲以五宮寄居坤卦二宮中。故坤宮直符逢第二轉第五轉。皆有直符。

天乙直符吉凶八神

昂按天乙直符吉凶八神。陽遁圖直符前一宮螣蛇。前二宮太陰。前三宮六合。後一宮九天。後二宮九地。後三宮朱雀。（該括玄武）再後一宮即直符前四宮爲句陳。（該括白虎）陰遁圖直符前後神宮反是。前一宮九天。前二宮九地。前三宮朱雀。後一宮螣蛇。後二宮太陰。後三宮六合。再後一宮即直符前四宮爲句陳。遁甲神機賦云。陽符左爲前數。陰符右爲前尋。（見原書第一卷）據此說則陰陽兩遁八神順序同一。陽向左推以左方爲前。右方爲後。陰向右推。以右方爲前。左方爲後。（左右順逆並詳第三卷按語中）陽遁直符由一局之一宮坎卦。順推至九局之九宮離卦。陰遁直符由九局之九宮離卦。逆溯至一局之一宮坎卦。其餘七神諸宮。順逆皆隨之轉移。

九星排列

昂按各表九星順排。首水星天蓬。次土星天芮。木星天衝天輔。土星天禽。金星天心天柱。土星天任。火星天英。逆排反是。六甲各值一星。陽遁一局從天蓬起。二局從天芮起。各局逐次降下一星。順推循環至天禽而止。陰遁九局從天英起。八局從天任起。各局逐次升上一星。逆溯循環

亦至天禽而止。陰陽各九圖坤宮上下盤芮禽兩星並列。一屬二宮坤本位。一屬寄居之五宮偏位也。

九星加臨卦宮利主客表 遁甲利主利客見遁甲演義卷三利客天輔天衝有缺文昂釋要第三卷未引製表附此

九星／加宮	遁甲利主九星加臨之宮	遁甲利客九星加臨之宮
天蓬	八宮 四季月戊己辰戌丑未日	九宮 秋冬月壬癸亥子日
天英	一宮 秋冬月壬癸亥子日	七宮 春夏月丙丁巳午日
天輔	六宮 七宮 季夏月秋月庚申辛酉日	
天衝	六宮 七宮 同前	
天柱	九宮 春夏月丙丁巳午日	三宮 四宮 秋月季夏月庚申辛酉日
天心	九宮 同前	三宮 四宮 同前
天任	三宮 四宮 冬夏月甲乙寅卯日	一宮 四季月戊己辰戌丑未日
天芮	三宮 四宮 同前	一宮 同前
天禽	三宮 四宮 同前	一宮 同前

經曰。天盤星剋地盤星。在四時旺相日時。有本方五色雲氣在其方來助。則客勝也。地盤星剋天

盤星。在四時旺相日時。有各方五色雲氣在其方來助。則主勝也。見遁甲演義第三卷本方之本字當作各昂按此篇天地兩活盤移轉後上盤之星與下盤之星五行相尅而言。天盤在上爲客。地盤在下爲主。天尅地卽客勝主。地尅天卽主勝客。例如天蓬水星在天盤。移臨地盤八宮艮土天任土星之上。則地盤土星尅天盤水星。而主勝客矣。移臨地盤九宮離火天英火星之上。則天盤水星尅地盤火星。而客勝主矣。按右表類推。

九星十二時相值吉凶表 九星十二時尅應見遁甲演義卷三天柱天心天任天芮皆有缺文昂釋要第三卷未引製表附此

九星＼値時	子	丑	寅	卯	辰	巳	午	未	申	酉	戌	亥
天蓬	不利	雷電風雨 利不利	凶利	雲 不利利	不利吉利	吉利	凶利	凶	凶	吉利	雷雨利	利
天英	凶	凶	不利	利	大雨利	吉利	凶	凶	凶	不利利	凶	凶
天輔	吉利	吉利	吉利	吉利	吉利	風利	利	利	利	吉利	利不利	利
天衝	大風雨 利不利	雲霧吉利	凶吉利	利凶	利不利	利	利	利	不利利	吉利	利不利	利
天柱	大風凶		大雷雨凶	凶	利	吉利	大雪凶	不利	凶		凶	利
天心	不利利	凶	不利吉利	利	雲吉利	利凶	大風雨利		凶利	利	吉	利

天任	風雨凶	不利	凶利	吉利		吉利	吉利	大風雨利	大風雨不利	利		利
天芮	秋冬吉春夏凶	不利	吉利	利凶	不利吉利	吉利	利	凶	利不利	吉利		
天禽	吉利	利	吉利	大風利	利	吉利	風雨利	利	吉利	吉利	吉利	大風利

右表應徵祇取天文。吉凶徵象。多在造葬後。表中以吉字識之者。主生貴子。加官職。利者主得財。旺田產。凶者主死喪。不利者主破財。天輔值子時。反吟則不利。門奇並到則大旺。天蓬值午。天英值未。天衝值辰。多不利家主。天心值巳或申。寡母坐堂。家主之凶可知。天輔值丑或戌。天衝值戌。天心天任值酉。皆有遠信至。天輔天心天衝天任皆吉星也。黃帝陰符經云。「行人信息遇三奇」。三奇吉門。與吉星徵象相同。庚加癸爲大格。求人終不見。庚加直符爲伏宮。占來人不來。詳第二卷三奇凶格其象則不利矣。

八門排列

昂按各表八門首休。次死。又次死。次杜。次開。次驚。次生。殿末爲景。配合八宮各卦。杜門之後又疊死門者。杜門配二宮坤卦。二宮中寄有五宮故也。陽遁依局順推。一局首休門。二局首死門。其餘各局均遞降一門。陰遁逆溯。遞升一門。如九局從景門起。八局從生門起。是也。陰

陽兩遁順逆雖殊。最後一局皆循環至死門止。

干支分系

昂按各表皆以六甲旬頭配合六十日干支。由甲子至癸亥一周。天干甲丙戊庚壬輪配地支子寅辰午申戌。天干乙丁己辛癸輪配地支丑卯巳未酉亥。第一橫列地支皆子戌申午辰寅。末一橫列地支皆酉未巳卯丑亥。陰陽各九圖中。除旬頭六甲分系以地支子戌申午辰寅。爲甲子甲戌甲申甲午甲辰甲寅外。三奇乙丙丁。六儀戊己庚辛壬癸。皆不系以地支。二宮坤位上下盤干支分列兩種。前屬二宮。後屬寄居之五宮。

卦宮方位

昂按圖中八卦定宮方位。依據洛書圖。坎一位北。離九位南。震三位東。兌七位西。坤二位西南。艮八位東北。巽四位東南。乾六位西北。惟五爲中央。而寄居二宮。異乎洛書。坤居西南未申之方。土長生在申。故以中央土納諸坤土也。

三奇配局値宮

昂按三奇在陰陽兩遁各九局中所値卦宮。各九宮中所値局數。橫列皆有順逆之殊。値卦宮則陽逆而陰順。値局數則陽順而陰逆。列表如左。加以說明。

三奇在陰陽兩遁各九局中所値卦宮表

三奇＼宮局	乙奇	丙奇	丁奇
陽遁一局	九宮	八宮	七宮
二局	一宮	九宮	八宮
三局	二宮	一宮	九宮
四局	三宮	二宮	一宮
五局	四宮	三宮	二宮
六局	五宮	四宮	三宮
七局	六宮	五宮	四宮
八局	七宮	六宮	五宮
九局	八宮	七宮	六宮
陰遁九局	一宮	二宮	三宮
八局	九宮	一宮	二宮
七局	八宮	九宮	一宮
六局	七宮	八宮	九宮
五局	六宮	七宮	八宮
四局	五宮	六宮	七宮
三局	四宮	五宮	六宮
二局	三宮	四宮	五宮
一局	二宮	三宮	四宮

右表陽遁乙丙丁。一局倒配九八七各宮。二局倒配一九八各宮。餘皆按序倒列。是謂逆布三奇。陰遁乙丙丁。九局順配一二三各宮。八局順配九一二各宮。餘皆依次順排。是謂順布三奇。試任取陰陽兩遁某奇某宮之數相合。其數皆爲十。例如陽遁一局乙奇値九宮。陰遁九局乙奇値一宮。九加一爲十。陽遁一局丙奇値八宮。陰遁九局丙奇値二宮。八加二爲十。陽遁一局丁奇値七宮。陰遁九局丁奇値三宮。七加三爲十。六儀可依法類推。

陽遁三奇逆布。陰遁三奇順布。而配置各局之次序。則陽遁順配。陰遁逆配。例如陽遁九宮離卦。乙奇配第一局。丙奇配第二局。丁奇配第三局。陰遁九宮離卦。乙奇配第八局。丙奇配第七局。丁奇配第六局。一二三順列。八七六逆溯。其餘各卦分布三奇。陽遁局數。按卦遞進。陰遁局

數。依卦遞退。表以明之。

三奇在陽遁卦宮中所值各局表

卦宮／奇局	乙奇	丙奇	丁奇
離九	一局	二局	三局
坎一	二局	三局	四局
坤二	三局	四局	五局
震三	四局	五局	六局
巽四	五局	六局	七局
坤寄五	六局	七局	八局
乾六	七局	八局	九局
兌七	八局	九局	一局
艮八	九局	一局	二局

三奇在陰遁卦宮中所值各局表

卦宮／奇局	乙奇	丙奇	丁奇
坎一	九局	八局	七局
離九	八局	七局	六局
艮八	七局	六局	五局
兌七	六局	五局	四局
乾六	五局	四局	三局
坤寄五	四局	三局	二局
巽四	三局	二局	一局
震三	二局	一局	九局
坤二	一局	九局	八局

右兩表陽遁九宮由離九順推至艮八。陰遁九宮由坎一逆溯至坤二。三奇所配各局。陽遁離九爲一

二三○坎一爲二三四○依次數目遞進○陰遁坎一爲九八七○離九爲八七六○依次數目遞退○試將陰遁九宮次第變更○首震三○次坤二○坎一○離九○艮八○兌七○乾六○坤寄五○巽四○所配局數○卽由陽遁表中局數倒捲而上○例如陽遁結末艮八○局數爲九一二○陰遁開始變成震三○局數爲二一九○依次倒捲○至陰遁結末變爲巽四局數三二一○與陽遁開始離九局數一二三相反而止○六儀亦可依法類推○

六儀配局值宮

昂按六儀戊代甲子○己代甲戌○庚代甲申○辛代甲午○壬代甲辰○癸代甲寅○六甲不用○故稱遁甲○六儀在陰陽兩遁各九局中所值卦宮○各九宮中所值局數○其順逆之殊與三奇相反○值卦宮則陽順而陰逆○值局數則陽逆而陰順○列表說明如左○

六儀在陰陽兩遁各九局中所值卦宮表

局宮 / 六儀	戊儀	己儀
陽遁一局	一宮	二宮
二局	二宮	三宮
三局	三宮	四宮
四局	四宮	五宮
五局	五宮	六宮
六局	六宮	七宮
七局	七宮	八宮
八局	八宮	九宮
九局	九宮	一宮
陰遁九局	九宮	八宮
八局	八宮	七宮
七局	七宮	六宮
六局	六宮	五宮
五局	五宮	四宮
四局	四宮	三宮
三局	三宮	二宮
二局	二宮	一宮
一局	一宮	九宮

庚儀	辛儀	壬儀	癸儀
三宮	四宮	五宮	六宮
四宮	五宮	六宮	七宮
五宮	六宮	七宮	八宮
六宮	七宮	八宮	九宮
七宮	八宮	九宮	一宮
八宮	九宮	一宮	二宮
九宮	一宮	二宮	三宮
一宮	二宮	三宮	四宮
二宮	三宮	四宮	五宮
七宮	六宮	五宮	四宮
六宮	五宮	四宮	三宮
五宮	四宮	三宮	二宮
四宮	三宮	二宮	一宮
三宮	二宮	一宮	九宮
二宮	一宮	九宮	八宮
一宮	九宮	八宮	七宮
九宮	八宮	七宮	六宮
八宮	七宮	六宮	五宮

右表戊己庚辛壬癸。陽遁一局順配一二三四五六各宮。二局順配二三四五六七各宮。餘皆依數遞升順推。是謂順布六儀。陰遁九局倒配九八七六五四各宮。八局倒配八七六五四三各宮。餘皆按數遞降逆推。是謂逆布六儀。

陽遁六儀順布。陰遁六儀逆布。而配置各局之次第。則陽遁逆配。陰遁順配。例如陽遁九宮坎卦。戊儀配一局。己儀配九局。庚儀配八局。辛儀配七局。壬儀配六局。癸儀配五局。陰遁九宮坎卦。戊儀配一局。己儀配二局。庚儀配三局。辛儀配四局。壬儀配五局。癸儀配六局。一九八七六五逆溯。一二三四五六順推。其餘各卦分布六儀。陽遁局數。按卦遞退。陰遁局數。依卦遞進。分表列左。

六儀在陽遁卦宮中所值各局表

六儀在陰遁卦宮中所值各局表

卦宮/儀局	戊	己	庚	辛	壬	癸
坎一	一局	九局	八局	七局	六局	五局
離九	九局	八局	七局	六局	五局	四局
艮八	八局	七局	六局	五局	四局	三局
兌七	七局	六局	五局	四局	三局	二局
乾六	六局	五局	四局	三局	二局	一局
坤寄五	五局	四局	三局	二局	一局	九局
巽四	四局	三局	二局	一局	九局	八局
震三	三局	二局	一局	九局	八局	七局
坤二	二局	一局	九局	八局	七局	六局

卦宮/儀局	戊	己	庚	辛	壬	癸
離九	九局	一局	二局	三局	四局	五局
坎一	一局	二局	三局	四局	五局	六局
坤二	二局	三局	四局	五局	六局	七局
震三	三局	四局	五局	六局	七局	八局
巽四	四局	五局	六局	七局	八局	九局
坤寄五	五局	六局	七局	八局	九局	一局
乾六	六局	七局	八局	九局	一局	二局
兌七	七局	八局	九局	一局	二局	三局
艮八	八局	九局	一局	二局	三局	四局

右兩表陽遁九宮由坎一逆溯至坤二。陰遁九宮由離九順推至艮八。六儀所配各局。陽遁坎一為一九八七六五。離九為九八七六五四。依次數目遞退。陰遁離九為九一二三四五。坎一為一二三四五六。依次數目遞進。此與三奇値局兩表相反。

二十四氣三元分布

昴按陰陽兩遁所值二十四氣。每一節氣之上中下三元。皆分布三局之內。甲己逢四孟爲上元。逢四仲爲中元。逢四季爲下元。如冬至節氣上元在陽遁一局。中元在陽遁七局。下元在陽遁四局。一局進至七局。相距爲六。一局進至四局。相距爲三。七局退至四局。相距之數亦爲三。夏至節氣上元在陰遁九局。中元在陰遁三局。下元在陰遁六局。九局退至三局。相距爲六。九局退至六局。相距爲三。三局進至六局。相距之數亦然。其餘各節氣上中下三元分布各局。其相距之數不外乎三與六也。就上中下三局次第數目之多寡推之。無論順逆。相距皆三。如冬至上一局。下四局。中七局。一至四。四至七。其數可推而知之。冬至上元在陽遁一局一宮。夏至上元在陰遁九局九宮。黃帝陰符經謂二至還歸一九宮。是也。列表如左。

陰陽兩遁二十四節氣上中下三元分布各局表

節氣／元遁局	三元	遁	局
冬至	上中下	陽	一七四
小寒	上中下	陽	二八五
大寒	上中下	陽	三九六

節氣／元遁局	三元	遁	局
夏至	上中下	陰	九三六
小暑	上中下	陰	八二五
大暑	上中下	陰	七一四

節氣三元所值局數。每三節一推。陽遁順推。陰遁逆推。冬至局數自一順推至九。上元一二三。下元四五六。中元七八九。夏季局數自九逆推至一。上元九八七。下元六五四。中元三二一。後三數皆配在中元。餘可類推。列表如左。

節氣	元	遁	局
立春	上中下	陽	八五二
雨水	上中下	陽	九六三
驚蟄	上中下	陽	一七四
春分	上中下	陽	三九六
清明	上中下	陽	四一七
穀雨	上中下	陽	五二八
立夏	上中下	陽	四一七
小滿	上中下	陽	五二八
芒種	上中下	陽	六三九

節氣	元	遁	局
立秋	上中下	陰	二五八
處暑	上中下	陰	一四七
白露	上中下	陰	九三六
秋分	上中下	陰	七一四
寒露	上中下	陰	六九三
霜降	上中下	陰	五八二
立冬	上中下	陰	六九三
小雪	上中下	陰	五八二
大雪	上中下	陰	四七一

陰陽兩遁節氣三元局數進退表

節氣＼元局	上元	中元	下元
冬至至大寒	一二三	七八九	四五六
立春至驚蟄	八九一	五六七	二三四
春分至穀雨	三四五	九一二	六七八
立夏至芒種	四五六	一二三	七八九
夏至至大暑	九八七	三二一	六五四
立秋至白露	二一九	五四三	八七六
秋分至霜降	七六五	一九八	四三二
立冬至大雪	六五四	九八七	三二一

陰陽兩遁節氣三元局數推法

陽局節氣三元所值局數。冬至驚蟄一七四。小寒二八五。大寒春分三九六。立春八五二。雨水九

六三。淸明立夏四一七。穀雨小滿五二八。芒種六三九。陰局節氣三元所値局數。夏至白露九三六。小暑八二五。大暑秋分七一四。立秋二五八。處暑一四七。寒露立冬六九三。霜降小雪五八二。大雪四七一。陰陽二局節氣三元局數兩兩相對。其和數皆爲十。例如陽局冬至驚蟄一七四。陰局夏至白露九三六。陽一陰九爲十。陽七陰三爲十。陽四陰六爲十。其餘節氣所値局數皆可類推。陽局節氣冬至至春分。又淸明至芒種。局數順推。上元一二三四五六。中元七八九一二三。下元四五六七八九。中間立春雨水兩節上元八九。中元五六。下元二三。每元局數亦屬順推。陰局節氣局數皆逆溯。夏至迄秋分。又寒露至大雪。上元九八七六五四。中元三二一九八七。下元六五四三二一。中間立秋處暑兩節上元二一。中元五四。下元八七。例可類推。明乎此種變化。節氣三元之局數推算至易。其法以陽局冬至驚蟄一七四爲根。除立春雨水兩節外。上元由一順推至六。中元由七順推循環至三。下元由四順推至九。再將冬至驚蟄中元七數順推至八。下元四數順推至五。上元一數順推至二。即立春節三元分値八五二之陽局。再由八順推至九。五順推至六。二順推至三。即雨水節三元分値之九六三各局。陰局節氣三元依據陰陽局數相和爲十之原則。仍以陽局冬至驚蟄一七四爲根。一對九。七對三。四對六。即夏至白露兩節三元分値陰局九三六也。夏至迄大雪十節皆可類推。中間立秋處暑兩節照陽局立春雨水兩節類推。陽順陰逆。數不宜紊。

節氣三元局數異同

昂按陰陽兩遁節氣三元局數。有兩節相同者。有兩節錯綜者。陽遁三元局數兩節相同。如冬至驚蟄上元一局。中元七局。下元四局。大寒春分上元三局。中元九局。下元六局。清明立夏上元四局。中元一局。下元七局。穀雨小滿上元五局。中元二局。下元八局。陽遁三元局數兩節錯綜。如小寒上元二局。中元八局。下元五局。立春上元八局。中元五局。下元二局。雨水上元九局。中元六局。下元三局。芒種上元六局。中元三局。下元九局。陰遁三元局數兩節相同。如夏至白露上元九局。中元三局。下元六局。大暑秋分上元七局。中元一局。下元四局。寒露立冬上元六局。中元九局。下元三局。霜降小雪上元五局。中元八局。下元二局。陰遁三元局數兩節錯綜。如小暑上元八局。中元二局。下元五局。立秋上元二局。中元五局。下元八局。處暑上元一局。中元四局。下元七局。大雪上元四局。中元七局。下元一局。節氣二十四。分上中下三局。天干甲己兩符頭所值地支。列上局者配子或午或卯或酉。列中局者配寅或申或巳或亥。列下局者配辰或戌或丑或未。例如陽遁冬至上元列一局。值甲子日。中元列七局。值己巳日。下元列四局。值甲戌日。春分上元列三局。值甲午日。中元列九局。值己亥日。下元列六局。值甲辰日。陰遁夏至上元列九局。值甲子日。中元列三局。值己巳日。下元列六局。值甲戌日。秋分上元列七局。

值甲午日。中元列一局。値己亥日。下元列四局。値甲辰日。子午上元。巳亥中元。戌辰下元。餘如上元卯酉。中元寅申。下元丑未。可就陰陽兩遁所布節氣推之。節氣實現所值之日。如壬申交立夏節。而超前甲子日爲上局。庚寅交大雪節。而接後甲午日爲前局。(此兩節見第一卷超神接氣置閏訣此仍以)子午爲上元。惟立夏上元不依陽遁四局列巳酉日。大雪上元不依陰遁四局列巳酉日也。

釋天門地戶太陰青龍

遁甲演義卷四前半卷陰陽兩遁十八局圖表。昂既釋之矣。後半卷概爲步斗符咒之法。略而弗論。出天門入地戶過太陰居青龍法一則。與前卷相關。釋之於後。

三元經曰。初出天門。六戊也。入地戶。六己也。過太陰。六丁也。居青龍。六甲也。所居之下。百戰百勝。假令冬至上元甲子日甲子時。初起兵出天門辰下。入地戶巳下。過太陰卯下。居青龍甲下。(昂按甲字當作子)百戰百勝。又法出天門者。天上六戊在一宮。入地戶。天上六乙在九宮。(昂按乙字當作己九字當作二)過太陰。在七宮。(昂按在七宮上當有天上六丁四字)居天上青龍。在一宮。(昂按此句當作居青龍天上六甲在一宮餘倣此。)

昂按此所謂天門地戶者。與太沖小吉從魁爲天三門除危定開爲地四戶之說不同。(天三門地四戶見第二卷)所謂太陰者。與天乙直符諸神中之太陰亦別。六甲爲青龍。(甲子旬子上起青龍甲戌旬戌上起青龍甲申旬申上起青龍甲午旬午上起青龍甲辰旬辰上起青龍甲寅旬寅上起青龍說見遁甲演義卷四六甲出行訣)硬局甲子在坎宮。與東方震宮卯位青龍有別。冬至上元在陽遁一局。

出天門辰下○即戊辰○入地戶巳下○即己巳○過太陰卯下○即丁卯○居青龍子下○即甲子○甲子戊值一宮坎位○甲戌己值二宮坤位○丁奇卯值七宮兌位○甲子青龍仍居坎水○伍子胥曰○若欲伏匿者○乘青龍○六甲也○歷蓬星○六乙也○過明堂○六丙也○出天門○六戊也○入地戶○六己也○過太陰○六丁也○取草折半障人中○昂證拆字當作折入天藏○六癸也○伍子胥說見遁甲演義卷三天乙直符吉凶神說昂釋要第三卷末引此補其說可證○

占筮類			
1	擲地金聲搜精秘訣	心一堂編	沈氏研易樓藏稀見易占秘鈔本
2	卜易拆字秘傳百日通	心一堂編	
3	易占陽宅六十四卦秘斷	心一堂編	火珠林占陽宅風水秘鈔本
星命類			
4	斗數宣微	【民國】王裁珊	民初最重要斗數著述之一；未刪改本
5	斗數觀測錄	【民國】王裁珊	失傳民初斗數重要著作
6	《地星會源》《斗數綱要》合刊	心一堂編	失傳的第三種飛星斗數
7	《斗數秘鈔》《紫微斗數之捷徑》合刊	心一堂編	珍稀「紫微斗數」舊鈔
8	斗數演例	心一堂編	秘本
9	紫微斗數全書（清初刻原本）	題【宋】陳希夷	斗數全書本來面目；有別於錯誤極多的坊本
10-12	鐵板神數（清刻足本）——附秘鈔密碼表	題【宋】邵雍	無錯漏原版　秘鈔密碼表　首次公開！
13-15	蠢子數纏度	題【宋】邵雍	蠢子數連密碼表　打破數百年秘傳　首次公開！
16-19	皇極數	題【宋】邵雍	清鈔孤本附起例及完整密碼表　研究神數必讀！
20-21	邵夫子先天神數	題【宋】邵雍	附手鈔密碼表　研究神數必讀！
22	八刻分經定數（密碼表）	題【宋】邵雍	皇極數另一版本；附手鈔密碼表
23	新命理探原	【民國】袁樹珊	子平命理必讀教科書！
24-25	袁氏命譜	【民國】袁樹珊	
26	韋氏命學講義	【民國】韋千里	民初二大命理家南袁北韋之命理經典
27	千里命稿	【民國】韋千里	
28	精選命理約言	【民國】韋千里	
29	滴天髓闡微——附李雨田命理初學捷徑	【民國】袁樹珊、李雨田	命理經典未刪改足本
30	段氏白話命學綱要	【民國】段方	民初命理經典最淺白易懂
31	命理用神精華	【民國】王心田	學命理者之寶鏡

32	命學探驪集	【民國】張巢雲	發前人所未發 稀見民初子平命理著作
33	澹園命談	【民國】高澹園	
34	算命一讀通——鴻福齊天	【民國】不空居士、覺先居士合纂	
35	子平玄理	【民國】施惕君	
36	星命風水秘傳百日通	心一堂編	
37	命理大四字金前定	題【晉】鬼谷子王詡	源自元代算命術
38	命理斷語義理源深	心一堂編	稀見清代批命斷語及活套
39－40	文武星案	【明】陸位	失傳四百年《張果星宗》姊妹篇 千多星盤命例 研究命學必備
相術類			
41	新相人學講義	【民國】楊叔和	失傳民初白話文相術書
42	手相學淺說	【民國】黃龍	民初中西結合手相學經典
43	大清相法	心一堂編	重現失傳經典相書
44	相法易知	心一堂編	
45	相法秘傳百日通	心一堂編	
堪輿類			
46	靈城精義箋	【清】沈竹礽	沈氏玄空遺珍 玄空風水必讀
47	地理辨正抉要	【清】沈竹礽	
48	《玄空古義四種通釋》《地理疑義答問》合刊	沈瓞民	
49	《沈氏玄空吹虀室雜存》《玄空捷訣》合刊	【民國】申聽禪	
50	漢鏡齋堪輿小識	【民國】查國珍、沈瓞民	
51	堪輿一覽	【清】孫竹田	失傳已久的無常派玄空經典
52	章仲山挨星秘訣（修定版）	【清】章仲山	章仲山無常派玄空珍秘 門內秘本首次公開
53	臨穴指南	【清】章仲山	
54	章仲山宅案附無常派玄空秘要	心一堂編	沈竹礽等大師尋覓一生末得之珍本！
55	地理辨正補	【清】朱小鶴	玄空六派蘇州派代表作
56	陽宅覺元氏新書	【清】元祝垚	簡易·有效·神驗之玄空陽宅法
57	地學鐵骨秘　附　吳師青藏命理大易數	【民國】吳師青	釋玄空廣東派地學之秘
58－61	四秘全書十二種（清刻原本）	【清】尹一勺	玄空湘楚派經典本來面目 有別於錯誤極多的坊本

62	地理辨正補註　附　元空秘旨　天元五歌　玄空精髓　心法秘訣等數種合刊	【民國】胡仲言	貫通易理、巒頭、三元、三合、天星、中醫
63	地理辨正自解	【清】李思白	公開玄空家「分率尺、工部尺、量天尺」之秘
64	許氏地理辨正釋義	【民國】許錦灝	民國易學名家黃元炳力薦
65	地理辨正天玉經內傳要訣圖解	【清】程懷榮	秘訣一語道破，圖文并茂
66	謝氏地理書	【民國】謝復	玄空體用兼備、深入淺出
67	論山水元運易理斷驗、三元氣運說附紫白訣等五種合刊	【宋】吳景鸞等	失傳古本《玄空秘旨》《紫白訣》
68	星卦奧義圖訣	【清】施安仁	三元玄空門內秘笈　清鈔孤本 過去均為必須守秘不能公開秘密 與今天流行飛星法不同
69	三元地學秘傳	【清】何文源	
70	三元玄空挨星四十八局圖說	心一堂編	
71	三元挨星秘訣仙傳	心一堂編	
72	三元地理正傳	心一堂編	
73	三元天心正運	心一堂編	
74	元空紫白陽宅秘旨	心一堂編	
75	玄空挨星秘圖　附　堪輿指迷	心一堂編	
76	姚氏地理辨正圖說　附　地理九星并挨星真訣全圖　秘傳河圖精義等數種合刊	【清】姚文田等	蓮池心法　玄空六法 門內秘鈔本首次公開
77	元空法鑑批點本——附　法鑑口授訣要、秘傳玄空三鑑奧義匯鈔　合刊	【清】曾懷玉等	
78	元空法鑑心法	【清】曾懷玉等	
79	曾懷玉增批蔣徒傳天玉經補註【新修訂版原（彩）色本】	【清】項木林、曾懷玉	
80	地理學新義	【民國】俞仁宇撰	揭開連城派風水之秘
81	地理辨正揭隱（足本）　附連城派秘鈔口訣	【民國】王邈達	
82	趙連城傳地理秘訣附雪庵和尚字字金	【明】趙連城	
83	趙連城秘傳楊公地理真訣	【明】趙連城	
84	地理法門全書	仗溪子、芝罘子	巒頭風水，內容簡核、深入淺出
85	地理方外別傳	【清】熙齋上人	巒頭形勢、「望氣」「鑑神」
86	地理輯要	【清】余鵬	集地理經典之精要
87	地理秘珍	【清】錫九氏	巒頭、三合天星，圖文並茂
88	《羅經舉要》附《附三合天機秘訣》	【清】賈長吉	清鈔孤本羅經、三合訣法圖解
89-90	嚴陵張九儀增釋地理琢玉斧巒	【清】張九儀	清初三合風水名家張九儀經典清刻原本！

91	地學形勢摘要	心一堂編	形家秘鈔珍本
92	《平洋地理入門》《巒頭圖解》合刊	【清】盧崇台	平洋水法、形家秘本
93	《鑒水極玄經》《秘授水法》合刊	【唐】司馬頭陀、【清】鮑湘襟	千古之秘，不可妄傳匪人
94	平洋地理闡秘	心一堂編	雲間三元平洋形法秘鈔珍本
95	地經圖說	【清】余九皋	形勢理氣、精繪圖文
96	司馬頭陀地鉗	【唐】司馬頭陀	流傳極稀《地鉗》
97	欽天監地理醒世切要辨論	【清】欽天監	公開清代皇室御用風水真本
三式類			
98-99	大六壬尋源二種	【清】張純照	六壬入門、占課指南
100	六壬教科六壬鑰	【民國】蔣問天	由淺入深，首尾悉備
101	壬課總訣	心一堂編	過去術家不外傳的珍稀六壬術秘鈔本
102	六壬秘斷	心一堂編	
103	大六壬類闡	心一堂編	
104	六壬秘笈——韋千里占卜講義	【民國】韋千里	六壬入門必備
105	壬學述古	【民國】曹仁麟	依法占之，「無不神驗」
106	奇門揭要	心一堂編	集「法奇門」、「術奇門」精要
107	奇門行軍要略	【清】劉文瀾	條理清晰、簡明易用
108	奇門大宗直旨	劉毗	天下孤本　首次公開 虛白廬藏本《秘藏遁甲天機》
109	奇門三奇干支神應	馮繼明	
110	奇門仙機	題【漢】張子房	奇門不傳之秘　應驗如神
111	奇門心法秘纂	題【漢】韓信（淮陰侯）	
112	奇門廬中闡秘	題【三國】諸葛武侯註	
選擇類			
113-114	儀度六壬選日要訣	【清】張九儀	清初三合風水名家張九儀擇日秘傳
115	天元選擇辨正	【清】一園主人	釋蔣大鴻天元選擇法
其他類			
116	述卜筮星相學	【民國】袁樹珊	民初二大命理家南袁北韋
117-120	中國歷代卜人傳	【民國】袁樹珊	南袁之術數經典